21 世纪教学活动设计案例精选丛书

中小学体育(体育与健康)教学活动设计案例精选

丛书主编　禹　明

本册主编　邱裕良　贾颖战

图书在版编目(CIP)数据

中小学体育（体育与健康）教学活动设计案例精选/禹明丛书主编. —北京：北京大学出版社，2012.3
（21世纪教学活动设计案例精选丛书）
ISBN 978-7-301-20250-0

Ⅰ.①中… Ⅱ.①禹… Ⅲ.①体育课—教学设计—中小学②健康教育—教学设计—中小学 Ⅳ.①G633.962

中国版本图书馆CIP数据核字（2012）第021975号

书　　　名	中小学体育（体育与健康）教学活动设计案例精选 ZHONGXIAOXUE（TIYU YU JIANKANG） JIAOXUE HUODONG SHEJI ANLI JINGXUAN
著作责任者	禹　明　丛书主编　邱裕良　贾颖战　本册主编
策　　　划	周雁翎
责 任 编 辑	刘　军
标 准 书 号	ISBN 978-7-301-20250-0
出 版 发 行	北京大学出版社
地　　　址	北京市海淀区成府路205号　100871
网　　　址	http://www.pup.cn　　新浪微博：@北京大学出版社
电 子 信 箱	zyl@pup.pku.edu.cn
电　　　话	邮购部 62752015　发行部 62750672　编辑部 62767346
印 刷 者	北京鑫海金澳胶印有限公司
经 销 者	新华书店
	787毫米×1092毫米　16开本　11.25印张　230千字 2012年3月第1版　2023年5月第8次印刷
定　　　价	36.00元

未经许可，不得以任何方式复制或抄袭本书之部分或全部内容。
版权所有，侵权必究
举报电话：010-62752024　电子信箱：fd@pup.pku.edu.cn
图书如有印装质量问题，请与出版部联系，电话：010-62756370

序

朱慕菊

当今世界正在发生着深刻的变化。社会的发展决定了教育必须跟上时代的步伐,因此,教育必须朝着适应未来的方向进行深刻的变革。自2001年9月启动我国新一轮基础教育课程改革以来,中小学的课堂里正在发生着质的变化,课程改革的理念已在基础教育改革的实践中得到广泛认同。

课堂教学设计是教学中的一个重要环节,是教学的目的性、过程性、科学性与艺术性的统一,不但需要深厚的教育理论作支撑,而且需要适切运用丰富多样的教学方法和教学技术。本丛书编写者长期以来坚持以新课程的理念为指导,对课堂教学进行了深入的探索,获得了有益的经验。

第一,在教育理论与实践的结合上进行了有益的探索。长期以来,教师们普遍认为系统而复杂的教学理论不易被有效地运用于课堂教学中。而在新课程推进过程中,教师们努力学习新课程所倡导的教学理论,并积极探索与实践的结合,特别注重把教学理论和研究成果运用于实际教学,指导教学工作,同时也注重将教师的教学经验总结上升到理论层面。事实证明,理论必须与实践不断结合才能为教师所掌握和运用;同样,也只有经常性地反观课堂教学实践,对其进行深度思考与梳理,才能使教学认识上升到理性的高度。这套《21世纪教学活动设计案例精选丛书》正是积极探索教育理论与实践相结合的产物。

第二,在教师的专业发展上进行了有益的探索。新课程的推进既向教师提出了巨大的挑战,同时也应看到,它更是教师专业发展的极好机遇。教师工作的性质决定了它不是机械的重复。教师既要坚定不移地贯彻落实党的教育方针,同时作为专业人员还必须遵循少年儿童心理发展的规律,谙熟他们的需求,掌握学科教学的内容与方式。在当今社会快速发展的背景下,教师的专业修养也需要与时俱进。因此,新课程所倡导的学生学习方式的变革、教师教学方式的变革,都需要教师在工作岗位上不断思索,不断进步,实现其专业发展。而本丛书编写者正是深刻理解了教师专业发展对于推进新课程的重要性，他们想方设法促使教师对自己的课堂教学进行自觉的反思与总结，引导教师们在理论与实践之间进行反复的"对话"，并将"对话"的结果以课堂教学设计的形式表达出来，帮助教师整理了教学思想，提升了教育理念，促进了教师专业的发展。

第三，在改变课堂教与学的方式上进行了有益的探索。查尔斯·赫梅尔在《今日的教育为了明天的世界》中指出，在百科全书式的知识已经过时、百科全书比老人老得还快的大变革时代里，教师再也不能仅限于传授知识，而需要"唤醒不被知晓或沉睡中的能力，使得每个人都能分享到人们完全能够发挥自己才能的幸福"。因此，改变教与学的方式成为本次课程改革追求的重要目标之一。这套丛书正是以改变教与学的方式为突破口，对课堂教学如何体现学生的主体地位，如何突出知识的建构过程，如何增强学生的情感体验，如何使学生形成正确的价值观等方面的问题作了大量深入的探索。这套丛书中的教学设计虽然侧重活动性，但每一个教学活动的设计都力图向人们反映一种理念：只有将学习任务转化为学生的自我需求，才能真正唤起学生的求知欲望，才能真正激活学生学习的内在动力，才能真正使学生成为学习的主人。

衷心希望这套丛书能够为全国的中小学教育工作者提供借鉴。

2012年2月

（朱慕菊：国家基础教育课程教材专家工作委员会秘书长）

前　言

禹　明

  最近，国家九年义务教育课程标准正式公布了。在总结我国十多年来基础教育课程改革经验的基础上，教育部正式公布的国家九年义务教育课程标准在强调德育领先、坚持渗透社会主义核心价值观的同时，特别强调了对学生创新精神和实践能力的培养。而要实现这一点，我们就要继续转变中小学课堂教学方式，在课堂上尊重学生，充分调动学生的积极性和主动精神，培养学生的批判性思维和学生的实践能力。为了学习，落实国家九年义务教育课程标准的精神，帮助中小学教师转变课堂教学方式，北京大学出版社出版了《21世纪教学活动设计案例精选丛书》，以帮助中小学各学科教师更好地在国家九年义务教育课程标准的指导下，研究课堂教学，改进课堂教学，提高基础教育的教育质量。

  我们一直强调教学过程的重要性。因为学生知识的获取，能力的提升，情感的变化都是在教学过程中逐步实现的。教学过程要由一个一个教学活动构成。要想实现有效的教学过程，一定要设计好每一个教学活动，使教学活动符合学生的认知发展水平，符合学生的实际生活经历。在设计教学活动时，要考虑在活动中学生学什么？怎样学？学得怎样？要考虑如何让学生主动学习，合作学习，探究学习。一堂课是否有效与课堂教学活动的好坏正相关，学生是否能成为课堂学习的主人也与课堂教学设计的好坏正相关。因此，研究课堂教学活动的设计是课程改革的需要，是落实国家九年义务教育课程标准的需要，也是中小学教师专业发展的需要。

  《21世纪教学活动设计案例精选丛书》的编写不以某一版本的教材为依据。它是根据基础教育课程改革的基本理念，依据国家九年义务教育课程标准编写的。这就使本丛书具有普适性，可供使用任何版本教材教学的中小学教师参考使用。本丛书收集的活动设计，有别于教育教学案例，它是课堂教学中的某个教学环节，或是精心设计的导入，或是针对具体学习任务而设计的小游戏。每一个教学活动设计体现了以学生为主体的理念，而且经过了多年教学实践的检验，行之有效。由于丛书提供的活动类型多样,宛如一个课堂教学活动设计的"超市",各个学科的教师完全可以根据自己教学的实际需要,任意选用或组合,也可以在现有基础上改造与创新。在编写本丛书时,我们并没有强求体例一致,这样,我们可以保存每个教学活动设计的个性与特点,体现教学活动设计的多元化。对于广大的一线中小学教师而言,本丛书是实用的教学参考书,因为本丛书的作者都是来自教学第一线,他们的教学活动设计就是在教学第一线产生的。

《21世纪教学活动设计案例精选丛书》是一套"草根"作品,散发着浓浓的芳草气息,而课程改革的春天不正是弥漫着这股清香味么?愿同行们喜欢它,也期待着你们的指教。

2012年2月
于深圳市教育科学研究院

(禹明:特级教师,教育部教师教育课程资源专家委员会专家,教育部"国培计划"首批教师培训专家,教育部九年义务教育课程标准综合审议专家,教育部外国人子女学校认证专家组专家,深圳大学师范学院兼职教授,教育硕士导师)

编 者 说 明

师范院校的教师职业技能培养的严重缺失,课程改革培训中重理论轻教法的倾向,教师职业技能方面专业引领的不足,这些是导致课程改革中出现诸多问题的重要原因。改变教师的教育理念非常重要,但新的理念不是自然而然地就能转化为新的教学设计和行为的。在这个过程中需要专业技能的支撑,比如如何上好讨论课,如何通过游戏使学生掌握英语的时态,如何使学生通过有趣的活动认识数学的抽象概念,如何让学生通过讨论春游的安排了解人民代表大会的议事程序,等等。新的课程理念只有在这些细节的落实之处才能真正体现出来——这就是我们编写这套《21世纪教学活动设计案例精选丛书》的初衷。

谁是教师职业技能培养的引领者?是那些将自己的热情和智慧奉献给课程改革事业的富有创造性的教师们。南山区的教师们在这方面作出了有益的探索。本套丛书所收集的活动,不同于以往的案例,它是课堂上的一个教学环节,或是一种精心设计的导入,或是一个针对具体的学习任务而设计的小游戏……每一个活动设计都体现了以学生为主体的理念,都已经被教学实践证明是行之有效的好方法。

这套丛书没有依据某一个版本的教材,而是按照课程改革的理念,依据课程标准编写的,这就使得这套丛书具有了普适性,使用任何版本教材教学的教师都可以使用。其中所设计的活动的类型多种多样,宛如一个课堂活动的"超市",教师可以根据自己教学的需要,任意选用和组合。即便是每本书或每个设计,我们也没有强求体例一致,我们想让每个教师鲜明的个性跃然纸上。这套丛书是教师的实用参考书。

当教师们的职业技能逐渐提高的时候,课程改革的事业就会展现出更加绚丽的前景!我们编写本套丛书的目的,是希望为提高教师的职业技能贡献一份力量。我们也期待热心的读者提出宝贵的意见。

目　录

序 …………………………………………………………… 朱慕菊(1)
前言 ………………………………………………………… 禹　明(3)
编者说明 ………………………………………………………… (5)

各种各样的跑

课堂大挑战	(2)
有趣的走跑练习	(5)
让我们一起跑步吧	(7)
小小拼图的魔力	(10)
接力跑游戏	(13)
让学生"动"起来	(16)
体验生活　培养品德	(18)
玩转旧车胎	(20)
以"筷"为乐快速跑	(22)

五花八门的跳

小白兔去旅行	(25)
小动物去抓虫	(27)
小青蛙学本领	(29)
激发学习的兴趣　点燃创造的火花	(31)
培养自信　体验成功	(33)
跳出你的勇敢	(35)
把握跳绳节奏　克服心理障碍	(37)
各种形式的单、双脚跳	(39)
跳出健康　跳出快乐　跳出创新	(41)
勇于创新　体验运动的快乐	(43)

花样繁多的投

飞向太空	(46)

开放式体育教学,学生们很快乐 ……………………………………… (48)
争夺入场券 …………………………………………………………… (51)
快乐的六一 …………………………………………………………… (54)
向杨利伟叔叔学习,飞上蓝天 ………………………………………… (56)
小保龄球比赛 ………………………………………………………… (59)
画出一片蓝天 ………………………………………………………… (60)
打雪仗,感受大自然 …………………………………………………… (63)
玩报纸 ………………………………………………………………… (65)

魅力无穷的球类运动

篮球,你是怎么玩的 …………………………………………………… (68)
篮球游戏:赶小猪 ……………………………………………………… (71)
让美丽的毽子飞起来 ………………………………………………… (73)
可爱的小球儿 ………………………………………………………… (75)
我们这样玩"棒垒球" ………………………………………………… (77)
篮球换手运球 ………………………………………………………… (79)
排除万难去争取更大的胜利 ………………………………………… (81)
篮球投篮 ……………………………………………………………… (83)
篮球的基本技术 ……………………………………………………… (85)
快乐享受　锻炼身体 ………………………………………………… (87)
合作学习　拓展思维　共同进步 …………………………………… (89)
快乐在课堂中的每一个角落里 ……………………………………… (93)
篮球传接球 …………………………………………………………… (95)
了解体育运动项目　营造合作学习气氛 …………………………… (97)
我也能当明星 ………………………………………………………… (99)

综合身体活动

会跳舞的小男孩 ……………………………………………………… (102)
手牵手,播撒爱的种子 ………………………………………………… (104)
齐努力共同创造好成绩 ……………………………………………… (106)
游玩动物乐园 ………………………………………………………… (108)
让我们争做保护环境的有心人 ……………………………………… (111)
有趣的竹竿舞 ………………………………………………………… (113)
认识身体和辨别方向 ………………………………………………… (116)
齐心协力　勇闯难关 ………………………………………………… (118)
回归自然　野外求生 ………………………………………………… (120)
团结就是力量 ………………………………………………………… (122)
绿色与和平共存 ……………………………………………………… (124)
我也走进世界风情大巡游 …………………………………………… (126)

快乐动物乐园	(128)
一堂心旷神怡的户外活动课	(130)
快乐体育	(132)
大家一起来游戏	(135)
快乐的体育活动	(137)
可爱的小鸭子	(139)
快乐的小猴子	(142)
"小花猫"捉"小老鼠"	(144)
前滚翻	(146)
礼始礼终　强身健体跆拳道	(148)
很高兴和你跳舞	(151)
小青蛙	(153)
太极忌太急	(154)
学生为主　快乐体育	(158)
平衡	(161)
兴趣——迸发智慧的火花	(163)

各种各样的跑

课堂大挑战

【设计理念】

　　耐力跑运动是人获得体能和保持健康的一项运动,是发展健康性体能最简单、最有效的途径之一。同时,对于培养学生克服困难,顽强拼搏,坚定不移,积极进取的精神具有重要意义。但耐力跑的教学相对单调和枯燥,所以采取以游戏贯穿全课的方法,旨在"玩中练,玩中指导,玩中提高"。

【教学目标】

　　1. 让学生初步掌握耐力跑的途中跑技术。
　　2. 发展有氧耐力运动,培养同学间的友谊,建立团队精神。
　　3. 让学生学会多种形式的耐力跑活动。

【活动准备】

　　1. 创设课堂大挑战的情景教学环境。
　　2. 课前布置学生准备重约2500克的书包。
　　3. 准备器材:红旗4面,实心球4个,软式排球2个,秒表1个。

【活动过程】

活动一　异质同组,同甘共苦

　　师:欢迎参加课堂大挑战,大家有信心挑战成功吗?

　　师:为了挑战的公平性,我们要进行合理的分组。这同时也是挑战赛的前奏。

　　活动:匀速跑500米,要求心率控制在120—150次/分,按强弱配对分组。

　　★ 场上,队伍浩荡,"1—2—1,1—2—3—4"的嘹亮口号伴随他们轻松完成第一轮挑战。

　　★ 教师指导学生测试心率,对学生刚才的表现进行解惑、评价。学生强弱配对,分成四组。

　　师:同学们,祝贺你们取得第一个胜利,现在你们都有一个小集体,希望你们能充分发挥团队精神,取得更优异的成绩。(学生击掌拥抱,建立感情。)

活动二　负重行军夺大宝,团队精神最重要

　　师:同学们,我们艰辛的挑战任务开始了,我相信你们一定能闯关成功。

活动:以小组为单位,背上书包(重2500克)行军400米,强调全组队员同时到达才可以夺宝(实心球)。

师:预备——出发!

★ 场上,队友互相勉励,其中有几个还主动地把队友的书包抢过来扛在肩上。

一种互帮互爱的温馨氛围似乎冲淡了行军的艰辛。教师主动走进队伍为他们加油、喝彩。

师:恭喜各位!与第一关有什么区别?哪关累点?(学生自由发言,谈感受。)

师:看来我的学生还是挺能吃苦的嘛,我坚信你们以后一定能攻克更多的难关。

老师及时表扬,并号召大家把这种精神延伸到生活的各个领域。

活动三　脑筋夸啦啦,创意是赢家

师:经过两关的艰辛挑战,我们需要一定的休整,同时我也想考考大伙的知识。

师:请听题,我们除了通过长跑来锻炼耐力外,还有其他手段吗?

师:队长组织队员大胆创意,并用2—3分钟的时间把你们的绝活表现出来。

师:现在开始计时,祝你们成功!(学生在小组内交流。)

★ 场面非常热闹,热闹之中多了给小组献良策的争论。学生全员参与,犹如一次全民健身表演赛。锻炼方式略。

师:你们的锻炼手段设计得真好,我也有几个设计,看看能不能适合大家的口味。(师生共同探讨。)

师:再次祝贺大家闯关成功,由于大家表现得非常好,所以每组奖励5个积分。

活动四　最后冲刺橄榄球,冠军宝座为谁留

师:这是最后的关卡啦,我相信你们一定能凯旋归来。(学生鼓掌叫好。)

教师宣布目前积分,鼓励落后者加油。

活动:在足球两个半场进行强强对抗橄榄球比赛。游戏规则略。

★ 场上,每队都在尽力拼搏,时而进攻,时而防守,队长还不时地利用时机,集合队友调整战术。对抗紧张刺激,不断出现交替上升的比分。

师:大家玩得开心吗?刚才太紧张了,我都恨不得上去和你们一起玩!

师:现在我们请冠军队代表谈谈夺冠心得,大家欢迎。(学生谈技巧和窍门,进行交流。)

师:虽然第一名只有一个,但我们每个成员都没有放弃,都坚持到最后。让我们共唱歌曲《朋友》,用你们的歌声表达对组员的感激,好不好?(师生手拉着手合唱。)

总结:恭喜各位,课堂大挑战成功!老师以你们为荣,让我们在以后的学习中携手共进,勇闯难关,寻找更多的体育乐趣。

【活动评述】

课堂大挑战的情景教学,充分体现了教师的引导价值和学生的主体性,营造了紧张

愉快的学习氛围,使学生乐于参加体育锻炼活动。运用挑战性的游戏外衣包裹枯燥乏味的耐力跑教学,这种巧妙设计有效地消除了学生对教学内容的畏惧感和陌生感。同时,这种集体展示学习效果的方式使大家凝聚在一起,让学生理解了良好的合作精神和和谐的人际关系的重要。

(深圳市南山区松坪学校 刘慧芳)

有趣的走跑练习

【设计理念】

走和跑是小学体育教学中最重要的基础内容,它在学生的生长发育、心理健康、社会适应能力的培养中有着不可低估的作用。在新课标基本理念的指引下,走和跑的教学以其生活化、游戏化、趣味化的特点,给现代体育教学注入了新的活力。本次课是小学水平一的课,全课树立"健康第一"的指导思想,确立以培养学生自主学习能力,发挥学生的主体性为本课的主题。在体育教学中,遵循学生的身心发展规律,开发和利用生活实际中走和跑的内容资源,发展学生在各种状态下走和跑的能力,将教材内容向生活化延伸、扩展,以适应社会、适应生活的需要。

【活动目标】

1. 让学生能充分地享受体育的乐趣和精神,通过各种情景教学,激发学生对体育的兴趣。

2. 发展学生的动作协调性和行为模仿能力,锻炼学生的奔跑能力。

3. 培养学生顽强拼搏、团结协作的良好道德品质。

【活动准备】

1. 课前要求学生每人准备一个塑料袋。

2. 课前在足球场上画出四块场地。

3. 为每一位学生准备二至三个小红星。

【活动过程】

活动一

"模仿游戏":要求全班同学模仿不同人物(如老爷爷、解放军等)、不同动物(如大象、小鸭、小马、企鹅等)的走和跑的姿势。全班分成四个小组,在规定的地点进行模仿练习,看哪一个小组的同学走和跑的姿势最多,模仿得最逼真,获胜的小组老师给予奖励。

模仿各种各样的动作是小孩子的天性,他们往往能创造出许多大人想像不到的动作来。让他们在小组内合作学习,既能充分发挥他们的创造力,又能激发他们的学习兴趣。

活动二

教师:同学们,你们骑过马吗?电视上一定看过,我们一起来做"骑马跑"的动作好不好?

教师把学生带到"大草原"(足球场),师生一起来模仿"骑马跑"的动作。选出几个模仿得较好的学生给同学们做示范(给予奖励),然后全班同学围成一大圈(教师站在中间进行组织指挥)来做"骑马跑",要求所有的同学做"骑马跑"动作的时候不但要模仿得逼真,还要有马蹄声、马叫声。

小孩子都没有骑过马,但他们从电视上、电影上看过骑马,孩子们一定非常向往能在草原上骑马飞奔。在游戏中孩子们可以尽情发挥他们的想像力,使他们的身体在开心玩耍中得到锻炼。

活动三

教师:请同学们拿出准备好的塑料袋,我们一起来做一个实验。

老师把塑料袋放在胸前做快速跑的示范动作,然后问学生:"为什么塑料袋贴在老师胸前不会掉下来呢?"同学们按照老师的要求分散开来朝着规定的方向,各自独立地进行着尝试,体验快速跑的感觉。"什么情况下塑料袋会掉下来呢?"教师适时组织学生分组尝试、体验、讨论,寻找答案。最后,老师把学生分成四个小组,进行胸前顶着塑料袋的快速跑比赛(跑20米),看那一组的成功率最高(塑料袋不会掉下来)。有了塑料袋,学生在做快速跑练习时的积极性很高。让学生在练习中不断地开动脑筋,努力寻找解决问题的方法,既培养了学生自主学习的能力,又完成了本次课运动技能传授的目标。

活动四

老师找一个学生出来示范二人互相放松的方法,全体学生一边跟着互相放松,一边听老师小结。

请部分学生谈谈对本次体育课的感受。

教师:请同学们说说,我们要把用过的塑料袋怎样处理?

全体学生行动起来把运动场的垃圾收拾干净。

老师通过学生谈感受的方式来收集学生的真心体会,有利于以后体育与健康课的改进、提高。老师以提问题的方式唤起全体同学的环保意识,养成良好的习惯。

【活动评述】

走和跑教学内容属于无趣的内容,易使学生练而生畏并感觉枯燥无味。本次课从课标理念和学生的生活体验出发,增加教材的趣味性和科学性,让学生感到"新、奇、乐",有效地激发学生的学习兴趣,突出学生的自主性、活动性和创造性,使学生的身体在快乐的活动中得到锻炼。

(深圳市南山区大堪小学　刘浮云)

让我们一起跑步吧

【设计理念】

"你想强壮吗？跑步吧。你想健美吗？跑步吧。你想聪明吗？跑步吧。"古希腊石壁上的这句名言,千百年来对人们造成了极大的影响,同时,也反映了跑步对人的重要作用。跑是人类最基本的活动能力之一,也是日常生活中必不可少的运动技能。它对场地器材没有过高要求,且技术简单,因此,它是学生最容易掌握和开展的健身运动项目之一。

《体育与健康》课程标准要求,初一学生要了解跑的基本知识,尝试各种形式跑的基本方法,提高跑的能力,体验跑的乐趣。而实际教学过程中,学生对跑的项目普遍不感兴趣,一提跑就畏惧三分。其实,使学生产生厌倦和畏惧心理的并不是跑课目本身,而是教师的教学方法与组织形式存在着许多不足,传统的快速跑、耐久跑,都是以竞技体育的教学模式进行,大多是规定距离的重复跑、计时跑。甚至,有的教师还要利用心率监测学生的运动量,达不到规定心率的,还要加大运动量。这自然会使学生厌倦,哪里还谈得上会有什么兴趣。本课采用自主学习和探究学习的方式,创设情景游戏,让学生自主选择练习内容,激励学生积极参与。通过让学生自行设计不同的跑进路线,构成各种图案,并相互展示自己的设计成果,让每个学生都能发挥自己的创新精神,充分展示自己的才华,使学生在不知不觉中充分体验跑步的乐趣,提高跑的能力,培养学生跑步的爱好和兴趣。让学生掌握用心率控制运动负荷进行有氧健身跑的方法,形成自我锻炼的能力,为终身体育奠定基础。

【活动目标】

力求体现"健康第一"、"以学生为主体"的教育思想,将学生的创新精神与实践能力的培养作为教学的重点,通过课堂教学让学生懂得更多的健身知识,学会自我锻炼的方法,养成自我锻炼的习惯,为终身体育奠定基础,从而为学生的学习、工作、生活提供物质保障,为学生的终身发展服务。

【活动准备】

1. 提前把本次课的内容告诉学生,鼓励他们根据教学内容去开发创编热身运动。
2. 准备上课器材及道具等。

【活动过程】

活动一　导入与热身

课程资源的开发和利用,是课程改革的一个重要方面。在日常体育教学中,教师应充分发挥学生的主体作用,重视开发学生这一宝贵的人力资源,让学生积极参与到课程资源的开发中去。在每次课结束时,把下次课的内容告诉学生,鼓励他们根据教学内容去开发创编下次课的热身运动,从而培养学生的创新意识和能力,调动学生的主动性与积极性。

本次课学生选择开发的内容,男生是开学初军训时学的格斗游戏和军体拳,女生是前一周英语节上表演过的兔子舞。随着一声令下:"热身运动开始! 看是男生做得好,还是女生做得好。"只见男女生迅速分成两大组,男生每两人一组,开始了格斗游戏,女生则随着音乐跳起了兔子舞。教师也不甘寂寞地跟着女生学起了兔子舞,她们边唱边跳,不时地变换队形,歌声也越来越大,气氛非常热烈。这时,男生也不甘落后,在小队长的带领下,围成一个圆圈打起了军体拳,口令和喊声一下子就超过了女生,真是虎虎生威。由于是学生自主选择的热身运动,他们练习的积极性很高,较好地进入了上课状态。

活动二　在情境中快乐地跑步

结合3月20日伊拉克战争一周年,世界各国举行大规模反战游行,以及不久前《深圳晚报》报道的华强中学几名学生在放学回家的路上见义勇为捉小偷等事件,创设了"企盼和平、让和平鸽飞起来"、"见义勇为捉小偷"、"滑翔机"、"拉网捕鱼"等情境,开展跑动性游戏,让学生自主选择练习。只见有的同学把纸制的和平鸽放在胸前逆风跑动,放飞和平鸽,放飞心中对和平的祈盼;有的同学扮演起了警察抓小偷;有的同学把一张报纸举过头顶迅速跑动,玩起了"滑翔机";有的同学开始了拉网捕鱼。整个运动场都沸腾了,同学们尽情地跑着、玩着、乐着……随后,同学们迅速围拢在教师的身边,教师向同学们介绍有氧健身跑的知识与方法,以及如何利用心率控制运动负荷,如何掌握呼吸节奏等,并让同学们摸着脉搏测算心率,使他们今后能够独立进行有氧健身跑锻炼。随后,利用探究学习法,结合大型运动会开幕式团体操的场景,让学生自行设计跑进路线,构成理想的图案,并结合教师介绍的健身跑方法,体验健身跑的乐趣。只见同学们分成四组,成四路纵队,在排头同学的带领下,跑成各种图形:时而跑成数字,时而跑成字母,时而又停下进行讨论与修改,创出更新颖更别致的图形。由于学生自己设计路线与图案,跑起来劲头十足。最后,学生设计的图案进行展示和互评。这样,不仅使学生的体能在不知不觉的活动中得到锻炼与提高,而且培养了学生的创新意识和能力,并通过情景教学达到了对学生进行思想道德教育和情感教育的目的。

活动三 调节放松

在舒缓的音乐中,教师和学生一起在草地上进行伸拉练习。

【活动评述】

采用自主学习、探究学习和合作学习的方式,创设教学情境,让学生自主选择练习内容,激励学生积极参与,使学生在不知不觉中充分体验跑步的乐趣,提高跑的能力,培养对跑步的兴趣和爱好。教师还指导学生课余时间进行健身跑锻炼,为终身体育奠定基础。

课程资源的开发和利用,是课程改革的一个重要方面。在日常体育教学中,充分发挥学生的主体作用,开发学生这一宝贵的人力资源,让学生积极参与到课程资源的开发中去,收到了很好的效果。

给学生一定的时间和空间去自主学习、探究学习、合作学习,提高学生的学习能力,真正做到把课堂还给学生,让学生做课堂的主人,使课堂教学真正为学生的终身体育服务,为学生的学习、工作、生活服务,这是本课的追求。

(深圳市南山区前海中学　笙万涛　黄镇敏　黄瑞彬)

小小拼图的魔力

【设计内容】

本次小学二年级水平一的课,是以接力跑为主要内容,加以趣味拼图的形式来激发学生的兴趣,引导学生通过想像和创造来完成教学,培养同学之间的团结协作精神,并充分调动学生学习的积极性,培养学生终身参加体育锻炼的意识。

【设计理念】

1. 增进身体健康。

体育课程学习对于学生成长最直接、最显著的价值,是促进身体的正常发育和身体健康水平的提高。这种价值主要以两种方式体现出来,一方面体现在身体形态和机能的变化方面,通过在教师指导下参加体育活动,学生能够增强体能,使身体健康水平得到提高;另一方面则体现在体育意识和行为的变化方面,通过长期的运动实践和体验,学生不但能形成对身体、身体活动和健康的正确观念,增强自我保健的意识,同时还将逐步养成健康的行为习惯和生活方式。

2. 提高心理健康水平。

作为社会的存在物,人的运动实践行为不仅始终影响、改变着自身机体,而且随时影响着人们的情绪和各种心理感受。在和谐、平等、友爱的运动环境和舆论环境中,通过相互评价和自我评价,学生会感受到友谊、赞扬、批评、激励等,并产生各种复杂的情感体验。体育运动过程是不断面对挫折和克服困难的过程,在这个过程中,学生将反复体验挫折和困难,从而提高抗挫折能力和情绪调节能力,培养勇敢顽强的意志品质;在不断超越昨天、超越自我的过程中,学生会体验到进步或成功的喜悦,从而形成客观评价自我的习惯和能力,增强自尊和自信心,形成积极向上、乐观开朗的人生态度。

3. 增强社会适应能力。

现代社会的发展扩大了人们社会交往的范围,使人们的社会关系越来越复杂。是否具备与社会、环境和谐相处的意识和能力,已经成为人的综合素质的重要内容。由于与他人和群体的联系是体育活动的必要条件,体育是人的社会化的重要方式,这对少年儿童成长的意义尤为突出。因此,学生要逐步理解和习惯于在一定的社会规范中生活,根据社会规范约束和调整自己的行为。由于热爱体育活动是儿童的天性,因而学生对通过游戏和体育规则所体现出来的社会规范的学习常常表现出乐于接受的态度。学生通过体育与健康课程学习所获得的社会适应能力,包括理解个人健康与群体健康的密切关系,对自我、群体和社会的责任感,合作精神与竞争意识,对他人的尊重和关心,良好的体育道德和团队精神等。总之,体育本身所具有的特点在增强学生某些重要的社会适应能力方面具有不可替代的价值。

【活动目标】

在促进学生形成体育锻炼习惯的过程中,不仅要使学生明确体育锻炼的重要意义和作用,更重要的是使学生形成运动的积极情感,体验成功的乐趣,培养学生对运动的兴趣和爱好,提高学生的心理健康水平和社会适应能力,使学生具有积极进取、不畏困难、敢于拼搏、乐观开朗、热爱生活的积极态度。

【活动准备】

场地:田径场。

器材:接力棒六个,标志物、体操棒若干个。

【活动过程】

师:本节课的主要内容是接力赛跑。

生:好,太好了。

师:下面全班同学分成六组,男、女各三组来进行比赛。

很快地分好人排好队后,学生个个摩拳擦掌、跃跃欲试地准备比赛。

在老师的一声口哨下,学生犹如脱缰的野马冲了出去。

学生"加油、加油、加油"的声音传遍了整个操场。

随着比赛重复进行,课堂的气氛渐渐地沉闷了下来。没有了加油声,没有了欢呼声,学生的注意力已经不能全部集中到接力赛上了。

这时我一下着急起来:这可怎么办啊,接力赛一向不都是他们最喜欢的游戏吗?为什么课堂的气氛越来越差呢?我要怎样调动起他们的积极性呢?

课刚开始时教师采用的是常规性的接力赛游戏,这种接力比赛是体育教学中运用较多的游戏。由于游戏比较单调,学生重复几次后就兴趣减少,注意力难以集中了。

我正苦思冥想的时候,发现队伍中有几个不专心参加接力赛的学生正拿着折断的树枝玩拼图游戏呢。有了!我就搞一个拼图接力赛。

我重新将学生集合好,说接下来我们要换个游戏方式。

学生们一听要换新的游戏了,马上瞪大双眼,集中精神听我到底要讲些什么。

师:我们再来个拼图接力赛。

生:啊,拼图接力赛?什么是拼图接力赛啊?要怎么玩啊?

我看时机已经成熟,就将游戏规则讲给学生听。

我先拿出要拼出的规定图案,然后每组同学每人发一根体操棒,轮到哪位同学就跑到中间摆好,看哪组同学拼得又快又好。

听完游戏规则后,每组学生自发地集中在一起,研究谁是第一笔,谁是第二笔。课堂气氛又重新活跃起来了。

玩了几组游戏后,我又让学生根据本组体操棒的数量,创编本组的图案,看哪一组创编得既漂亮又新颖。

课堂气氛又一次活跃起来。

几组比赛下来,学生们的拼图真是五花八门,从天上飞的到水里游的,无所不有,真让我大开眼界。

下课了,学生像小蜜蜂似的围在我左右。

看着他们发自内心的笑容,我也开心地笑了。

同样的接力赛,因为创设了一定的情景,重视学生的主体地位,发挥学生的创造能力,改变了死板、教条、程序化的教学方法,原来也能激发学生的运动兴趣,使学生体验到体育带给他们的快乐。

【活动评述】

运动兴趣是激发和促进学生自主学习和坚持体育锻炼的重要前提,如果学生对体育活动无兴趣或是兴趣不高,他们就不会主动、积极地参与体育活动。通过形式多样的体育教学手段,培养学生参与体育活动的兴趣和爱好,形成坚持锻炼的习惯和终身体育的意识。

(深圳市南山区实验学校 何 彪)

接力跑游戏

【设计理念】

本课设计以学生为本,充分发挥教材中"接力赛"的作用,以接力赛贯穿整个教学过程,让学生积极主动地投入学习。

教材是教学活动的基本工具,教材的编写要体现"健康第一"的指导思想,促进学生健康发展。在教学中,要以学生发展为中心,重视学生的主体地位,激发学生的运动兴趣,培养学生终身体育的意识。本次课教学立足于促进学生的发展,面向全体学生,以学生为主体。小学生在上体育课时若听到教师说什么比赛时,情绪都显得非常兴奋,学生之间也很团结。因此,根据低年级学生对比赛感兴趣的心理特点,通过接力赛激发学生学习、表现和创造的欲望,培养学生积极、主动的学习精神。在教学环节的设计上首先运用"丢手绢"的游戏来激发学生的学习兴趣,再通过两个接力赛引导学生独立思考和探索,以达到本课的教学目标。

【活动目标】

以比赛的形式激励学生积极参与练习活动,培养学生的运动兴趣和坚持锻炼的习惯;以小组活动的方式,调动每一个学生的参与意识和学习积极性,培养学生的合作与交流能力;通过接力赛发展学生的奔跑能力和团结合作的集体主义精神,让学生了解直道和弯道跑的基本动作及不同之处,培养学生独立思考和勇于探索的精神。

【活动准备】

课前准备好场地(如下图)及所需器材:四根接力棒、四个标志物及奖品小红花。

【活动过程】

一、利用游戏"丢手绢"调动学生的学习兴趣

随着课改的深入进行,学生是越来越爱上体育课了。以往在上课前教师要向学生宣布本课的教学内容,本次课我却不告诉学生本课的学习内容。

开始上课时我说:"小朋友们,今天我们先做一个丢手绢游戏好不好?"

孩子们顿时欢叫"好"、"yes"。

"大家知道怎么玩吗?"我接着问。

学生齐声回答说:"知道!"

"好,我们分成四个组进行。"

随着音乐的响起,四组小朋友唱起《丢手绢》的歌曲进行游戏活动。

这个环节实际上就是过去教学中的准备活动。这样设计的意图就是从课的开始就调动学生学习的兴趣,在欢快的音乐声中进行游戏活动,增强学生参与活动的积极性,同时在活动中不自觉地体验了跑弯道的感受,为下面绕圆圈接力做好准备。

二、团结合作,争取胜利

对于二年级的学生来说,比赛是在体育课中最有趣、最兴奋的事,一听到有比赛个个都摩拳擦掌想表现自己。在课堂中教师可利用学生的这种心理特点及时向学生讲解接力赛的规则及要求,并且在练习中要求学生思考一个问题:直线跑和绕圆圈跑有什么不同?让学生带着问题进行练习。

师:现在我们要进行两种方法的接力比赛。

生:两种接力比赛?怎么比?

师:第一种是30米迎面接力比赛,是直线的;第二种是绕圆圈接力比赛,不是直线而是沿着圆圈跑,看那一组跑得快。跑得快的奖朵小红花。有没有信心获得小红花?

生:有!

师:好,大家在跑的时候要想一想这两种接力赛在跑的过程中有什么不同,要按照老师刚才说的要求做,好不好?

生:都是跑步会有什么不同的地方?

师:所以要大家在练习的过程中去体会,看看有什么不同,比赛结束后老师是要提问大家的,明白了吗?

生:明白!

师:给大家2分钟的时间,每个小组都商议用什么战术来参加比赛才能获得胜利,好不好?

生:老师,我们小组的同学能不能换位?

师:只要不违反规则,你们怎么安排都行。

各组学生商议安排小组排位顺序及在比赛时所要采取的方法。

学生分组进行接力比赛。紧张、活跃的课堂气氛感染着每一个小朋友,学生积极主动参与活动,在展示自我、体验成功的快乐中,为本组能获得胜利而为自己的队友加油鼓劲。

接力比赛是体育教学中运用较多的游戏之一,本课采用两种接力比赛,教师只定了比赛规则及要求,教师只起到比赛组织者的作用。在活动过程中学生自主参加,激发了参与运动和比赛的热情,充分体现了学生学习的主动性和课堂教学的民主性。学生通过活动发现自己的优点和缺点,学习别人的长处,给他人提出善意的意见和建议,这一方面培养孩子良好的道德品质,另一方面树立孩子的自信心。)

三、积极参与,勇于探索

比赛完了之后,赢的在击掌欢呼,输的在一边一声不出。教师给赢的小组奖励两朵小红花,输的小组也奖励一朵小红花。

师:老师今天看到同学们的表现非常好,每一个同学在参加接力比赛时都跑得非常积极;虽然有的小组没跑到第一,不过没关系。现在老师有一个问题,看哪一个小组的小朋友能答得好,答得好的也给奖励小红花。

学生听到将进行有奖问答,情绪又高涨起来,个个在做回答问题的准备。

师:好,大家听清楚啊!刚才我们是进行两种方式的接力比赛,在大家跑的时候,直线跑和绕圆圈跑有什么不同?

生:……

师:如果自己答不好,可以小组讨论。

生:直线跑跑得快些。

生:绕圆圈跑跑得怪怪的,有点难受。

生:老师你说跑步时手臂要前后摆起来,直线跑时能摆起来,绕圆圈跑的时候就摆不起来了。

生:老师,在绕圆圈跑时,我的身体好像有点斜,直线跑时又不会。

……

全班同学都在积极发言,把自己的感受说出来。教师对积极发言的同学给予肯定,同时奖励小红花。最后教师对本次课进行小结,对于比赛失利的小组,要挖掘他们的闪光点鼓励他们、表扬他们,增强学生的信心,争取下次比赛获得胜利;对获胜的小组,要他们戒骄戒躁继续努力,更好地掌握本领。

通过提问的方式来提高学生的运动兴趣,充分发挥学生的想像力,共同来参与探讨和研究,调动他们的积极性。学生自主学习使学生对教学内容能进一步理解,教师评价能使学生更加积极主动地参与体育活动。

【活动评述】

在整个教学活动中,教师起到穿针引线的作用,学习的主动权完全在学生的手里,课堂的主角始终是学生自己。教师在课堂中为学生营造学习氛围,学生在良好的氛围中自主、合作、积极、主动地学习,在持续不断的身体活动过程中使自己的运动意识和能力得到提高,从而养成坚持体育锻炼的习惯,在玩的过程中学习和掌握技能技巧。通过小组活动,培养学生良好的合作精神,身心健康得到了全面发展,充分体现新课标"健康第一"的指导思想。

(深圳市南山区实验学校 丘焕立)

让学生"动"起来

【设计理念】

在积极完善以"动"为主的课程目标体系的同时,以探究型课程教学为主,着重培养学生的创新精神、实践能力和个性特长,让学生在课堂上真正"动"起来。我采取小组合作的形式组织教学,在教学过程中,给学生一定的时间和空间,给予他们亲身参与、亲身创造的机会,营造宽松、和谐的学习氛围,目的就是使学生能从游戏中获得乐趣,提高他们解决问题的能力,并且增进他们的智慧。

【活动目标】

1. 让学生学会快速安全通过障碍物的技能,发展灵敏性、速度等身体素质。
2. 培养学生机智、勇敢、果断等优良品质。
3. 发展学生的思维,提高他们的反应速度。

【活动准备】

1. 课前与全班同学进行简短的交谈,提示他们在比赛中应注意什么,对比赛结果应轻松对待,帮助个别学生减轻对运动的心理压力,并向学生讲解"友谊第一,比赛第二"的体育精神。

2. 准备器材:呼啦圈5个、篮球5个、体操垫5块、跨栏架5个、写字台5张、短绳5条、录音机1台。

【活动过程】

活动一:学生在优美动听的音乐中做热身运动,围绕着篮球场做各种跑的动作训练。

活动二:学生注意听音乐节奏,在音乐停止时(教师控制),听从教师指挥组合。

活动三:勇敢向前——60米内通过3—4个障碍物接力跑。

1. 教师把学生随机分成5组,并把相关器材摆放在指定位置,进行游戏。

2. 学生根据本组的器材(障碍物)发挥自己的创造性,让所摆的器材更合理,更有利于本组跑得更快。

3. 学生整理好本组障碍物的位置,教师要求每位同学到终点要写出英语字母、单词、词语和汉语成语,要求同一组不能写重复。比赛看谁跑得快、写得好、写得准。

【活动评述】

运动技能的培养,应有一个较长过程,对于五年级学生,必须掌握其中一至二项基本技能。但要在较短的时间内学习跑、跳、拍球、穿过障碍物,并且在终点还要写出相关知识,对部分学生来说是有一定的难度的。

从运动参与上看,这次游戏活动让学生学会了克服困难,把自己以为做不到的事情变成能够做到。

在教学上,教师努力营造了教学过程的愉快氛围,使学生愿学、爱学、乐学,建立良好的师生互动关系,学生学习的主动性得到充分发挥,积极参与教学过程。

(深圳市南山区松坪学校　刘映虹)

体验生活　培养品德

【设计理念】

一堂好的体育课,育人是灵魂,兴趣是生命。短跑运动技术复杂,如摆臂、后蹬、步幅大小、步频快慢等对速度的影响,对于小学生来说是很难理解的。所以在教学实践中往往激发不起学生的运动兴趣和创造能力,且运动过于单调,没有太大的教育意义。因此教学应依据三年级学生的身心发展水平和课程改革的精神与思想,在教学时多激发学生的运动兴趣,少强调那些枯燥乏味的技术,多调动孩子的积极性及创造性。

【活动目标】

通过游戏"播种与秋收"使学生高高兴兴地完成短跑课的学习,既锻炼了身体又能受到启发教育,使学生在情境中体验生活,培养品德。

课的准备:四个标致筒、羽毛球或垒球共 120 个、两枝粉笔。

【活动过程】

课程开始,我组织学生一起背诵"锄禾日当午(李绅《悯农》)",想像诗中的情景,加以引导后让学生分组讨论,谈体会。

接着我组织学生练习前后摆臂,弓步压腿等动作,并做很夸张的动作来激发学生的好奇心和兴趣。

接下来我引导学生并渲染气氛:同学们要不要体验一下种田的感受?很多学生回答"要"。

于是我宣布游戏名称"播种与秋收"、游戏规则及游戏方法,然后开始"播种",分四队以比赛的形式完成。

"播种"完成后放音乐,让学生边听音乐边放松,感受播种后的喜悦心情。这时我引导启发学生,让学生谈感受,让学生评出哪队为优胜小队,并给予表扬鼓励。

接着我再一次渲染气氛:夏天结束了,秋天来了,大雁开始南飞,树也开始落叶了,该是收获的季节了。同学们,让我们一起动起手来收获我们劳动的果实好不好?

学生回答:好!

"秋收"开始。

"秋收"结束时放音乐,让学生跟着音乐节拍跳集体舞来庆祝"秋收"所取得的成果,感受收获的喜悦心情,使身心得到放松。

我问大家:累不累啊?

同学们异口同声地回答:好累啊!

这时我引导启发学生,让学生谈体会。

有的说:种田好辛苦,粮食真是来之不易啊。

有的说:现在我终于明白了古诗《悯农》所描述的情景了。

有的说:我现在知道了种田是辛苦的,以后再也不浪费粮食了。

这时我让学生评比"秋收先进小队"并给予鼓励表扬,评比"最勤劳学生"给予奖励小红花。

我又问:有的组为什么没有评上先进呢?

有的学生回答"他们跑得慢"。我又问"有没有别的原因啊。"这时有一个学生说:"他们不够团结,合作得不好。"

我说:好,非常好。你们要学会团结、合作,这样以后才能成为社会的有用人才。

我又讲一些农业生产方面的知识给学生听。最后通过学生的实践,结合情景和我适时的引导,让学生懂得粮食来之不易,要珍惜粮食,热爱劳动,尊重劳动,回到家里多帮父母干一些力所能及的家务等。

【活动评述】

这堂课学生上得都很积极认真,课堂气氛活跃,既能够完成预期目标又取得了意想不到的效果。过了几周我带学生去深圳西部海上田园秋游,中午吃饭的时候有一个学生没有把饭吃完,扔在了桌子上,结果遭到了很多同学的批评。记得有一个学生说:"谁知盘中餐,粒粒皆辛苦。"多好的教育啊!同时学生的纪律也比以前好多了,懂得了尊重同学、团结同学、帮助同学,上课表现也更积极了。通过这件事,我深深感受到一堂好的体育课"育人是灵魂,兴趣是生命"。

(深圳市南山区蛇口学校 刘雪源 周文忠)

玩转旧车胎

【设计理念】

体育课程标准要求体育课用目标来统领内容,用教材来为目标服务。在完成课程标准提出的体育课堂水平教学目标的前提下,灵活地利用我们身边的一些废旧物品作为教学工具,通过小组合作、探究的形式组织教学,既能减少对环境的污染,节约资源,又能激发学生的运动兴趣。在教学过程中,以学生发展为中心,努力营造宽松、和谐的学练氛围,让学生主动地学习,引导和鼓励学生学会发现问题和解决问题。

校本课程的开发是当今课程改革的一个新亮点。本课我选择利用旧的小汽车轮胎作为体育器材来进行身体锻炼,通过提示引导、自我创编展示、采纳推广、游戏比赛、评价等教学组织手段,不仅要达到强身健体的作用,还要在活动的过程中培养学生良好的合作精神和体育道德,形成克服困难的坚强意志品质。同时,加强学生的绿色环保观念,懂得只要我们想进行身体锻炼,无论身在何时何地,都可以利用身边的一切物体,哪怕是废旧的物品来进行的道理。

【活动目标】

1. 增强学生的绿色环保观念,懂得废物利用,明白我们身边的有些物品是可以作为体育器材来锻炼身体的。

2. 增强学生的体能,发展灵敏、协调和平衡能力。

3. 培养学生良好的合作精神和体育道德,逐步形成克服困难的坚强意志品质。

【活动准备】

1. 在篮球场上用白灰画出宽 3 米、长 10 米的跑道 6 条。

2. 大小相近的小汽车旧车胎 8 只。

【活动过程】

教师创设情境:在篮球场上杂乱无章地摆放着几个小汽车旧的车胎。让同学们讨论一下废旧的物品到处乱放是不是对环境的污染,我们应该怎么样处理这些废旧的物品,我们应该怎么样保护生存环境,我们可否利用这些废旧的轮胎来进行身体锻炼等问题。然后,进行分组讨论,并把各组创编的既符合本课教学目标又安全的游戏进行展示。

1. 滚车胎跑接力比赛。

方法:各组的排头听到出发的口令后,用双手滚动轮胎跑向终点。到达终点后立即转身往回滚动,车胎越过起点后,由第二人接着进行,直至全组的同学全部做完。

规则：车胎必须过了终点或者起点后，才能往回滚动或出发；车胎倒地或过界，必须从原来的地方重新开始。

2. 把车胎套在腰间的往返跑接力比赛（方法与规则基本同上）。
3. 两人一组抬着车胎往返跑接力比赛（方法与规则基本同上）。
4. 三人一组举着车胎往返跑接力比赛（方法与规则基本同上）。

教师分别请几位同学谈谈成功或者失败时的不同心理感受，以及个人负重往返跑和几个人托着同一重物进行往返跑时在做法上有什么不同，要注意哪些方面，在日常生活中还有哪些废旧物品可以进行再利用等。

【活动评述】

本课在校本课程开发和利用上，做了一次大胆的尝试。在绿色环保和体育课堂教学之间建立了一个切入点，创意新颖。在教学的过程中，采用分组、合作、探究的方式进行教与学，以学生的发展为中心，重视了学生的主体地位，激发了学生运动的兴趣，培养了学生终身进行体育锻炼的意识，同时，对学生进行了绿色环保教育，增强了学生的绿色环保观念。

（深圳市南山区沙河小学　张　斌）

以"筷"为乐快速跑

【设计理念】

1. 通过寓意式的主题任务,激发学生的兴趣,引发学生的好奇心,激发学生主动参与、探究的热情。

2. 通过学生自主、合作、探究性的练习和比赛,学习和掌握快速跑中直道途中跑的技术要求、方法,发展学生的奔跑能力,促进师生、生生的团结合作。

3. 通过一筷到底,多重妙用,培养学生创造性实践的能力,营造以筷为乐的氛围。

【活动准备】

将筷子40双和纸张40张按1—40号预先编码后,分别置于篮球场两端线和篮球中圈处。

【活动过程】

1. 常规教育后,导入主题。

2. 找"筷(快)""热(乐)"。

在音乐的伴奏下,连续蛙跳,在三处分别找到写有自己编号的筷和纸,然后立即回到本队站位,比一比各组的归队速度。

师:同学们,你们的筷(快)热(乐)找到了吗?

生:找到了!

3. 设疑提问,切入主题,师生互动。

师:同学们,今天老师为你们每个人准备了一双筷子和一张纸,你们猜猜看,是做什么用的?

生(不知道,非常好奇):……

师:作个提示,今天我们要吃一餐快乐运动大餐,请大家尽情尽兴地品尝。

生(气氛活跃,互相猜测):……

4. 教师提示,下达任务,集思广益,学生自主、合作、探究练习,展开主题。以纸(只)筷(快)乐为契机,各组创意设计出至少三种活动或游戏。

各组学生反馈的活动游戏方案丰富多彩,如:在纸上画图、做画轴、做音乐指挥棒或敲击鼓乐、做接力棒、做单架、做单双杠、做风筝、用纸水平拔河、做风转、空中夹纸、提灯笼、投筷入盒、水中捞月、筷子提米、飞标……各小组创意展示,公开评议,教师评价,互相奖励掌声。

5. 利用学生有代表性的创意活动或游戏,组织比赛,拓展主题。

比赛组织①：成四列横队或分散，进行双人或多人水平纸劲拔河。

比赛组织②：成八路纵队（3对2，距离30米）站立。用筷子为接力棒进行迎面接力跑（交叉换筷）2次，途中跑动要快，加减速要适时，传接筷要稳，不碰撞；再用自己的筷子夹纸迎面接力跑（用一张纸传接）2次，纸要夹稳，掉了后要迅速拾回并从该位置重新出发。

比赛组织③：成四路纵队或分散，做风转和顶风转快速跑（有风时对风）若干次。学生可以尽兴随意玩，但要做到快跑不掉纸。

6. 教师小结，结束主题。

在《快乐营地之歌》的歌声中，要求利用手中的筷子和纸，创造出某种几何图形或文字的造型。

【活动评述】

1. 本课以"筷"为主线设计出多种快速直道途中跑简化的游戏教与学，收到较好的练习效果，大多数学生表现出了较高的参与度和兴奋度。

2. 本课教学从设疑提问到实践运用，引导和启发学生思考，并自主、合作、探究地展开实践，培养了学生的创新精神，尤其在教师下达任务后，各组学生充分发挥了自己的聪明才智，集思广益，畅所欲言，所设计的游戏方案丰富多彩，充分体现了学生的主体性。

3. 通过各种比赛，发展了学生的奔跑能力，也切实培养了学生团结合作的精神和挑战自我的意志。

4. 本课教具简单实用，但筷子容易戳到人，组织时要强调学生注意安全，同时还可以教育学生平时应节约资源，尽量不要使用一次性筷子。

（深圳市南山区松坪学校　杨成军）

五花八门的跳

小白兔去旅行

【设计理念】

立定跳远是小学低年级跳跃动作的重点教学内容,是发展学生腿部力量和弹跳力的重要手段。它对于发展身体的跳跃能力,促进下肢肌肉、关节和身体器官系统的发展及体验学习跳跃动作的乐趣起着积极的作用。

1. 对于低年级的小学生来说,他们对新奇的东西非常感兴趣,特别是在体育课中,学生们喜欢锻炼,喜欢学习,喜欢模仿动作。所以在上体育课时要充分考虑到儿童的身体状况和心理需要,让儿童在特定的情境中参与体育学习,参加体育锻炼,在运动中学习,在学习中运动。

2. 体育健康课关注的核心是满足学生发展的需求和情感的体验,所以应给学生自我设计、自我展示、自我体验的机会,以完成体育与健康课中的运动参与、运动技能、身体健康、心理健康、社会适应各领域的教育目标。

3. 突出"以人为本"的教学理念,适当渗透自我保护的常识,并能在日常生活中运用。

【活动目标】

通过在体育与健康课课前、课后的拓展,课中的活动,创设良好的学习环境,培养学生对体育活动的兴趣,培养学生主动参与活动的态度与行为,使学生对体育与健康课更有兴趣,更加热爱体育。在本次课中,使学生初步体会立定跳远的动作,发展学生的跳跃能力,提高灵敏、速度、力量及协调能力,培养学生团结、协作、创新的精神与尊重他人及合作学习的习惯。

【活动准备】

准备录音机 1 台,小皮球一个,体操垫 4 床。

【活动过程】

1. 教师语言导入,通过对学生的启发和形象化的讲解,并播放音乐,让学生跟随音乐一起做动作,自由发挥,根据自己的想像,用身体、动作、语言表现出自己特有的造型。这样使学生自然地就进入了准备活动阶段。以游戏的形式完成热身活动,使学生体验自创动作的愉悦,发展学生的想像力、表现力,在活动中表现出"动中有思、思中有练、练中有情",使学生们在不知不觉中完成各项运动。

2. 拍拍小皮球。教师扮演篮球运动员,学生模仿小皮球,老师用手的动作和节奏来让学生边看边做小皮球,通过形象化的方法,使学生们感觉更加形象,使他们感到这

项运动非常有兴趣,做得非常开心、快乐。

3. 小兔子去旅行。教师说:"在旅行途中如果我们遇到了很多大灰狼,同学们该怎么办?"引起学生们的思考。"为了不打扰大灰狼,跳蹬时轻巧落地。"老师示范,学生模仿练习,师生共同参与。落地轻是本课重点,教师利用学生已有的生活经验,在游戏中让学生去体验落地动作,并掌握落地的方法,将教学重点内化在情景之中。教师并提出问题:怎样跳,才能与小兔子一样落地轻?这时,学生们在落地时,就感到自己是一只小兔子,使学生们体会到小兔子落地是很轻的,让他们有更多的体会,使动作完成得更好。

4. 分成几个小组进行练习,教师给出几个标准,目标是落地轻、跳得远。各组选出做得好的小组长或个人带领练习,相互交流,指出不足的地方,为完成目标而努力。最后两次让学生自编自创动作,体会各种动物跳起落地时的动作。

5. 教师问:"小白兔走了一天了,晚上它怎么办呢?让我们来帮它想一想(引起学生思考,自由分组创编动作)"。师生共同参与的游戏情景结束,进行放松。

【活动评述】

本次课是一节体育与健康标准的实践课,在一些领域里,本节课做了一些尝试,特别是教师巧妙地引用情景教学中小白兔跳的动作的模仿,用形象化的方法来启发学生,为立定跳远学习做好了技术铺垫,教法选用有利于学生掌握立定跳远的动作要领。队伍的调动、场地变化巧妙,安排合理,能利用儿童生理、心理特点,采用生动形象的儿歌等形式来诱导学生进行探究性学习。在本节课中加入游戏竞赛,使学生在游戏中体验竞争,教师的评价就更有利于激发学生的学习积极性,还给了学生充分的自主学习的时间、空间,目的是为了更好地完成五个领域的学习目标,通过在课堂中模仿形象,更加吸引学生,使学生在本次课中收获非常大。

(深圳市南山区外语学校　刘鸿斌)

小动物去抓虫

【设计理念】

本次课的教学对象是小学一年级（水平一）的学生，教学内容是以发展体能的弹跳力为主。但是跳跃练习是很枯燥和单调的，为了适应学生的心理特点，培养学生对于体育锻炼的兴趣，我让学生扮演小动物，以小动物抓虫的形式，让学生在游戏中锻炼了身体，提高了弹跳能力。

根据学生年龄小的特点，把课的内容形象化，通过情景教学使学生更加容易进入状态，可以集中精力去学习，既调动了学生的积极性，又完成了跳跃练习。

【活动目标】

提高学生的体能，练习跳跃，发展身体协调性，增强腿部力量，提高弹跳能力，激发学生对体育活动的兴趣和练习热情，培养学生克服困难战胜困难的精神。

【活动准备】

准备录音机一台，沙包40个，呼啦圈一个。

【活动过程】

1. 上课了，学生们按平时的队形站成四排，可能是刚过完五一的原因，学生们特别兴奋。我慢慢地来到他们中间，说道："小朋友们，你们五一去哪里玩了啊？"有个小朋友特别兴奋地说道："我去了九寨沟。"这时，学生像炸开了锅一样，"我去了清远""我去了北京""我去了上海"……每个学生都迫不及待地想把自己去的地方说出来。我看了看，同学们的兴趣上来了，便大声说道："大家五一都玩得很开心，今天啊，老师带你们去个更好的地方。"顿时，学生们都安静下来。这时，有个学生问道："老师，你带我们去哪里玩啊？"我笑着说："带你们去美丽的大森林，你们想去吗？""想！"学生们的积极性又起来了。这时，我说道："可是这次啊，我们要扮成小动物去大森林。同学们喜欢不喜欢？""喜欢！"我说道："那好，那我们现在就出发，去大森林咯。"

2. 我对学生说："我们现在是小动物，我们要去大森林了，现在我们学一下小动物是怎么走的。"这时旁边响起了《玩具兵进行曲》，我带着学生们先走了一个圆圈。看看队形走好了，我说道："现在我们学一下小鸭子走。"我在圆圈的中间示范了小鸭子怎么走，学生们马上跟着做。有几个小朋友害羞，放不开，我忙说道："小鸭子的腿，可没那么长哦！"这时学生们笑了起来，那几个小朋友也笑了，忙蹲了下来，学起了小鸭子。"好，现在啊，我们学小松鼠跳。"学生们高高兴兴模仿着。"好，现在是小袋鼠跳了。"跳着跳着，音乐快结束了。"好，现在我们齐步走。"走成一个圆圈，这时音乐结束了。我对

小朋友们说:"我们现在到大森林咯!"

3. "来到了大森林,大家累不累啊?""不累,一点都不累!"学生们答道。"那好,那我们来开个森林晚会吧。"我一边说着,一边来到了圆圈的中间。"现在,大家听着音乐,和我一起来跳小动物的舞蹈。"随着音乐响起,我带着小朋友们跳着。可能是因为音乐节奏比较快,有几个小朋友跟不上,我转过身,用鼓励的目光看着他们,夸张自己的动作。不一会,这些小朋友也跟上了音乐的节奏。

4. 音乐结束了,我说道:"舞会开完了,小朋友们高兴吗?""高兴!""那我们现在来学学,小动物是怎么跳的。"这时我来到圆圈的中间,对学生们说道:"我们先学学小动物是怎么跳的。听我的哨音,第一声开始跳,第二声停下,然后退回原位,能不能做到?""能。"学生们答道。"那好,我们现在先学小松鼠跳。"一声哨响,学生们争先恐后地从圆圈的四周向圆心跳过来。我看看到差不多距离了,忙吹响了口哨,学生们停了下来,退回了原位。这时我说道:"我刚才发现有个'小动物'跳得非常好,我们请他来表演一下!"我来到一个跳得不错的学生面前,请他跳到中间,再跳回来。"同学们说他跳得好不好啊?""好!""那好,我们现在学刚才那个小朋友的样子,再来一次,好不好?""好!"我又吹响了口哨,学生们模仿着刚才那个小朋友的样子,跳了过来。"好,同学们,小松鼠跳都跳得不错,我们现在来学学小袋鼠跳。"小袋鼠跳的难度不小,但是学生们还是很好地完成了。看了看学生们的情况,我决定给他们来最难的蛙跳,便说道:"现在啊,我们要学小青蛙跳咯,我要看看哪个小朋友最像小青蛙。"一声哨响,学生们不光完成得好,有的学生还一边跳一边学青蛙叫。我赶紧过去,请刚才几个边跳边学青蛙叫的小朋友出来,给大家表演。

5. "小朋友们都学会了小动物的跳了,现在,我们就学这些小动物去抓森林里面的害虫好不好?"我说道。我把学生分成4组,站在圆圈的四周,在圆心放一个呼啦圈,将40个沙包放在呼啦圈里面,对学生们说道:"现在森林里面有一群害虫,每个小动物一次只能抓一只害虫,抓到了就带回自己的家,我要看看,哪一组的小动物抓害虫最快!"一声哨响,学生们争先恐后地跳了出来,抓起沙包,转身跳回队伍。比赛结束,我表扬了胜利的小组,输了的小组围圆圈跑了一圈。然后我对输了的小组说:"刚才你们不小心输给了别人,你们能不能赢回来?""能,一定能!"输了的小组说道。"那好,我再给你们一次机会,现在我们学小袋鼠跳,看看你们能不能赢。"一声哨响,比赛继续开始。

6. 看了看学生一个个汗流满面,我问:"大家累不累啊?""不累。""我有点累。"学生们答道。我忙对学生们说:"天快黑了,小动物要回家咯。"轻松的音乐响起,我先带着学生,走成圆圈,然后自己来到圆圈的中间,带着学生放松。放松完毕,我把大家集合起来,问:"森林好玩吗?""好玩!"学生们答道。"要是没有森林了,我们没地方玩,小动物也就没地方住了,大家要不要这样啊?"我问道。学生们说:"不要!""我们要保护森林,要保护大自然。"这时我感到身边的学生一个个都像"小大人"。

【活动评述】

1. 以情景教学为主线,突出体现体育课的趣味性,让学生在快乐中锻炼了身体。
2. 通过比赛发展了学生的合作能力,形成集体观念,培养集体主义精神。
3. 通过舞蹈和模仿动物跳,锻炼了学生的协调能力和腿部力量。

(深圳市南山区外语学校 邓小林)

小青蛙学本领

【设计理念】

现代教育的特征是充分体现人的主体性,追求人的全面发展。小学低年级学生的情感世界是特别丰富的,如果我们还是采用那种单一、枯燥的方式去教育学生,他们本来就不是很集中的注意力只能让他们更加不耐烦。他们需要新鲜的、有活力的课堂气氛,"小青蛙学本领"就是要把他们带入这样的富有活力的课堂。因此,从小培养学生探究的良好习惯与意识,逐步培养学生的创造性思维,为以后具有创造能力打基础是十分必要的。传统的立定跳远教学,先是教师讲解示范,然后学生分组反复练习的注入式教学方法,学生容易感到枯燥乏味,学习兴趣不高。本案例变传统的先讲后练为先练后讲,采用尝试教学法与快乐体育结合的设计理念,将立定跳远教学寓于"小青蛙学本领"的特定角色的扮演中,设置池塘、荷叶等如临其境的情境,并采用尝试教学法,让学生尝试模仿青蛙跳,带着尝试任务不断探索。教师引导学生讨论,在学生大胆尝试练习的基础上再进行重点讲解。整个教学环节,以尝试教学法为主线,创设活泼愉快的教学情境,将知识技能融于愉快的气氛之中,引导学生主动地尝试。实践证明,"尝试+快乐"的方法有效地培养了学生的探究能力,学生掌握动作的正确率明显提高。

【活动目标】

1. 通过"小青蛙学本领"的游戏,让学生掌握跳的基本技术动作,提高学生的跳跃能力,从而达到锻炼身体的目的。

2. 培养学生探究的意识和创造性思维,为充分发挥学生的创造能力打下良好的基础,并且开发学生的智力,养成动脑的习惯。

【活动准备】

1. 了解学生个性,收集有关青蛙的叫声、游泳以及跳跃方面的资料,并为学生准备奖品,对表现突出的学生给予奖励。

2. 场地准备:塑胶场地一块(池塘),小棒球52个,荷叶形塑料垫30块(也可直接在场地上用粉笔画出荷叶),CD机一台,塑料筐4只。

【活动过程】

一、小蝌蚪找妈妈

1. 教师讲述小蝌蚪找妈妈的故事。

2. 创设小蝌蚪过桥洞找妈妈的情境,激发学生的尝试欲望。

(1)学生分成人数相等的两个小组,面对面的两个同学将双手搭起来,要求搭出来的桥洞通畅、宽敞,看谁搭得又快又好。搭完,排头的两个同学开始从搭好的桥洞钻过到排尾,并迅速又搭起来;后面的同学依次紧跟。

(2) 同学们发挥自己的想像力,同心协力搭出各种形状的桥洞来。

(3) 奖励表现突出的同学。

二、小蝌蚪长大了

1. 小青蛙学习游泳。

小青蛙在欢快的音乐声中学习各种姿势的游泳动作,并展示自己的学习成果,看谁游出的花样多,看谁游出的姿势最优美。

2. 小青蛙学习跳跃。

让同学们自由表演自己想像中青蛙跳跃的姿势,肯定同学们的想像力,提出长大后若要做只最棒的青蛙那就必须学习最棒的跳跃动作。接着,让同学们跟着儿歌学青蛙跳:

青蛙青蛙跟我跳,两脚用力向前蹬;

向上摆臂收大腿,落地缓冲轻又巧。

3. 教师提问:我们学的跳跃方法跟青蛙跳时有什么不同和相同的地方?

三、小青蛙捉害虫

1. 小青蛙试着跳上荷叶(荷叶间的距离不等)。

2. 教师提问:当我们学习青蛙在荷叶上跳跃时怎样才不会落水呢?

3. 学生进行游戏:小青蛙捉害虫。

小青蛙利用刚才学会的跳跃方法跳上荷叶去捉害虫(用小棒球代替),若是跳跃过程中有"落水"的,则必须用刚才学到的游泳动作游回起点从新开始。每只小青蛙每次捉一条害虫就返回,然后下一只青蛙出发,依次进行,看谁跳得好,捉得快。

练习比赛区如下图所示:

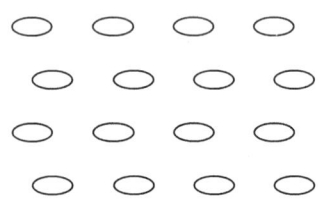

4. 对表现特别优秀的同学给予奖励。

四、放松

学生在轻松愉快的音乐中放松自己全身各个部位。

【活动评述】

同学们都有身临其境的感觉,感觉到自己就是一只可爱的小青蛙了,参与的积极性非常高涨,课堂气氛活跃,师生感情融洽。预计本次课的练习密度为40%左右,最高心率大概出现在上课后的30分—35分,为150—160次/分,平均心率达到120—130次/分。

(深圳市南山区松坪学校 黎胜民)

激发学习的兴趣 点燃创造的火花

【设计理念】

1. 兴趣是最好的老师。新课程标准强调:"无论是教学内容的选择还是教学方法的更新,都应充分关注学生的运动兴趣,只有激发和保持学生的运动兴趣,才能使学生自觉、积极地进行体育锻炼。"作为一名体育教师,必须根据儿童的心理、生理特点,对课堂教学内容进行精心设计,使教学富有童趣,才能激发学生的学习兴趣,点燃他们求知的欲望,才能最大限度地发挥学生的潜能,让学生在有趣的游戏活动中,既锻炼身体,又在不知不觉中达成课程目标。

2. 新课程倡导以学生发展为中心,重视学生的主体地位。作为教师必须通过精心安排,引导学生参与课堂设计,参与评价,尽可能地发挥学生的主体作用。

3. 教材是一种重要的课程资源,但不是惟一的资源。教材内容可根据具体的教学情境作必要的取舍、处理和再加工,使之服从教学任务的需要。本课教学立足于促进学生运动能力和运动技能的发展,根据学生的认知心理特点进行教学设计,使教学内容更加符合学生的实际,从而激发学生的学习兴趣,达到教学目的。

【活动目标】

本节课的教学目标是通过教学促进学生的动作协调性,启发学生做出各种跳跃的动作,创设各种跳法,在情境教学中,激发学生的学习兴趣,充分发挥学生的学习积极性和学习潜能,提高学生的体育学习能力,培养学生的创造能力和想像力。

【活动准备】

准备若干份小泡沫垫、动物头饰、录音机,选些儿歌、贴纸小红花(奖励用),划分场地。

【活动过程】

记得那是《蹦蹦跳》一课中的情景。课的前半部分,我根据学生活泼好动的特点,先让学生跟着音乐节奏跳简单的韵律舞,把学生带到一个轻松自然的课堂情境中,那些活泼可爱的小孩在音乐旋律的带动下,脸上都渐渐露出了笑容,可我发现还有几个小孩,依然是提不起劲,无精打采。于是,我就让学生分小组玩抢座位的游戏,并以动物头饰作为奖励,让学生模仿各种动物做动作,充分调动学生的学习积极性,让他们充分活动。看着学生渐渐进入了课堂学习状态,我就接着进行本节课的教学重点:利用小垫子拼各种图案,并创设各种跳法。我先把小泡沫拼图块一字排开,再做简单的单、双脚跳。做完了示范,我对学生说:"小朋友开动脑筋,看谁的拼图最新颖。跳的方法最多。大

家可以拼学过的英文字母、数字、图形等。"

学生受到了启发,听我刚说完,马上跃跃欲试,都很想表现,有的说拼 A,有的说拼三角形……看到学生的学习情绪已调动起来,我想该把时间交给他们了,于是便让学生按小组进行活动。我则融入到他们当中去,看他们的"杰作"。学生的想像远远出乎我的意料,他们有的小组拼出大 A、小 a,有的拼出圆形、三角形,跳法也是各不相同,各有各的特点:单脚跳、双脚跳、交叉腿跳、分腿跳、转体跳……组组有器材,个个都积极,整个场面既热闹又有序。看到这一切,我不由得感慨:当课堂真正属于学生时,真是一个令人愉快的时刻,教师教得轻松,学生学得快乐。

这时,我发现第 1、2 小组拼的图形很特别,跳的方法也很多,很有秩序。于是我微笑着问:"你们拼的是什么图形呀?""老师,我们拼的是'1+2'。""1+2?"我装着不懂的样子问。组长回答说:"老师,我们想拼大一点的图形,可垫子不够用,跟第 1 组借,他们说借不行,一起拼还可以,于是我们两个小组就一起合作,决定来拼'1+2'。"还没等组长说完,旁边的另一学生又抢着说:"老师,你看图形变大了,跳的地方就更多了。"又一个说:"老师,你看我们拼得好不好?"看着他们兴致勃勃的劲儿,听着他们的回答,我微笑地点点头,在全班同学中表扬他们的合作。接着,我把这节课剩下的时间全交给了学生,告诉他们可以自由组合,可以到其他组尝试跳一跳。这时学生的身心彻底放松了,根本没有了以往上体育课时的队列、队形、规则、要求,他们无拘无束,尽情地表现着自己。

当学生汇报自己的作品时,这组说我们跳飞机,那组说拼一朵花来跳,另外一组拼一间房子跨越跳过去……

学生的汗珠不断往下滴,头发湿了,可他们脸上的表情告诉我,他们很开心,很喜欢这样的课。

【活动评述】

在本次教学活动中,教师没有固守传统的教学理论观点,一味强调教师的地位,一味强调自己的教学设计如何按计划实施,而是充分尊重学生,信任学生,把时间交给学生,教师自己则在课堂中巧妙地引导,让学生思考动手,促进学生的合作精神,通过活动培养学生各方面的能力,体现了教师观念的更新转变,取得了很好的教学效果。

(深圳市南山区白芒小学　黄艳梅)

培养自信 体验成功

【设计理念】

课程标准指出,学生学习体育的兴趣和对体育的热情是开展体育教学活动的前提与基础,体育教师在教学过程中要不断地思考如何安排教学活动,如何利用和创造各种机会培养学生对体育的兴趣,激发其学习热情。本课的主线是跳跃练习,为了让学生乐于学习,较好地达成目标,我通过创设"小兔练本领"、"小兔采蘑菇"、"小兔运动会"等情境进行教学,让更多的学生对跳跃练习产生兴趣,并在活动中促进身心发展。教师在执教本课时,从关注学生的运动兴趣及情感体验,满足学生的需要出发,从教学过程情趣化入手,运用模仿、游戏等生动活泼的形式,作为上课的引线,让学生在玩中学、学中玩。

【活动目标】

1. 运动参与目标:通过创设学习情境,激发学生的运动参与兴趣。

2. 身体健康目标:通过练习,发展学生的反应、灵敏和协调能力,掌握两脚同时起跳和轻巧落地的跳跃方法。

3. 心理健康目标:让学生体验成功的喜悦,增强自信心。

【活动准备】

体操垫 4 面、标志杆 12 根、呼啦圈 4 个、蘑菇 44 个、动物头饰 6 个。

【活动过程】

模仿动物(进入情境) → 学习本领(掌握技能) → 采蘑菇(加强巩固) → 运动会(技能展示) → 开火车(放松体验)。

1. 模仿动物的行为。

"同学们喜不喜欢动物呀?你们知道那些动物是怎么走路的吗?我们来表演一下,小鸟是怎么飞行的,马儿是怎么奔跑的,大象是怎么走动的。猴子呢?还有大灰狼呢?"学生表演,教师用头饰激励学生表现自己,奖励个别学生。

2. 小兔跟兔妈妈学习本领。

"同学们知道小兔有什么样的本领吗?"学生回答:"跳远的本领。""那我们这节课就来学习小兔跳远的本领,好不好?"引导学生进入情境角色:学生——小兔,教师——兔妈妈,小兔向兔妈妈学习跳跃的本领。兔妈妈给孩子们讲解跳跃的技术要领,示范跳跃的练习过程,将小兔分成八个小组,模仿兔妈妈跳跃的技术动作和自己体会技术动作,兔妈妈巡视练习情况,及时给予技术上的帮助,对掌握技术动作好的小兔给予奖励。

3. 在采蘑菇的活动中展示学到的本领。

"下面兔妈妈想知道孩子们是不是真的掌握了跳跃的本领,孩子们有没有信心呀?"让孩子们在采蘑菇的过程中充分地展示出学习到的本领。将小兔分成四个小组,在每个小组前面10米处放有蘑菇,要求小兔跳跃前往,采到蘑菇后跳跃返回,否则将采不到蘑菇。兔妈妈用语言激励小兔跳起来,越高越好,越远越好。

4. 小兔运动会,带领大家进入另一高潮。

"孩子们都掌握了跳远的本领,我们来比一比吧!"引导学生进入"小兔运动会"。将小兔分成四个小组,带领各小组一起创设游戏场地,有"小河流"、"树林"、"山洞"和"宝物"。游戏开始,每组第一名小兔出发,依次跨过"小河流"、穿过"树林"、钻过"山洞",最后把宝物带回家传递给第二名小兔。第二名小兔跨越全部障碍将宝物放回原处,第三名小兔再去将宝物取回,依此类推,直到各小组的最后一名小兔做完。先完成的小组为获胜队。除了场地限制外,规则越简单越好,让学生尽情地释放一下自己的能量。

5. 学业有成,开开心心回家去。

"在这节课我学会了什么?高不高兴?哪些方面还不够,要努力?"大家相互交流心得体会,一起来分享成功的喜悦。

【活动评述】

这是一节完全根据课程改革的理念来设计的课,教师设计教学情境,学生在情境里自主地发挥,在欢快的游戏中掌握技能技巧,体现了快乐教学。这主要体现在以下几个方面:

首先是内容的选择上,本课根据儿童的身心特点,针对儿童在同一事物上注意力集中的时间短的特点,在环节设计上做了精心构思,使得学生在各个环节的练习中都觉得新鲜,能积极地参与到练习中来。"模仿动物"、"小兔学本领"、"小兔采蘑菇"、"小兔运动会",每个环节都吸引了孩子们的注意力,很好地促进了学生的学习兴趣和积极性。

其次是主线突出,环环相扣,逐层深入。本次课在情境方面都是围绕小兔的活动来设计的。小兔学本领是学习立定跳远的技术动作;小兔采蘑菇是进一步巩固技术动作;小兔运动会是技能展现、学以致用。在整个教学过程中,各个环节有机地结合起来,并做到息息相通。又通过情境创设,使整个教学始终在轻松活泼愉快的情境中进行。

再次是重视学生的主体地位。在教学过程中,教师的讲解简单明了,给学生提供更多的时间和个人展示的空间。除了场地的限制外,其他规则上对学生的限制是少之又少。在情境游戏中,学生都是尽情地释放出自己的能量。学生是充分发挥了自己的个性,但始终是在教师设计的情境中活动,做到了活而不乱,圆满地完成了本堂课的教学目标。

本节课是以学习跳跃为主线的体育课,在教学方法上,变厌为趣,变被动为主动,变机械重复为灵活多变,既能促进学生的发展,又不加重学生负担,教师始终用饱满的热情,亲切的言行营造一种轻松的生活情境。如果在小兔学习本领的环节上,给学生提供更多的个人展示机会,在情境活动中适当地配上些音乐,也许能更好地激发学生的学习热情,收到更好的课堂成效。

(深圳市南山区白芒小学　黄盛满)

跳出你的勇敢

【设计理念】

在这节水平二(三年级)的体育课教学中,根据学生的特点,从"快乐体育"这一角度出发,创设了"跳出你的勇敢"这一主题。在教学中以多种手段激发学生的兴趣、积极性和创造性,在和谐的活动中达到身心健康。

教学设计注重学生的实践体悟、合作与交往能力的培养,摆脱以教师为中心、以教运动技术为中心的做法,强调学生自主学练,学会锻炼与评价;通过情景、引导等教法的合理运用,培养学生的兴趣,充分调动学生的学习积极性、主动参与性,让每一个学生都积极投入;关注学生的态度及情感体验,同时教师设法消除他们的畏惧心理,使他们变得坚强起来。

【活动目标】

1. 让学生乐于参与体育活动,并能在活动中努力展示自我,发展灵活性。
2. 让学生能与同伴合作探究,形成团结合作精神,共同完成任务。

【活动准备】

1. 学校挡土墙旁边的大台阶作为学生练习的"障碍山"。
2. 准备必要的安全保护措施。

【活动过程】

1. 通过"障碍山"。

(1) 教师示范通过"障碍山"。

教师口令整队,检查常规,与学生亲切问好。课的开始部分让学生进行自行锻炼,内容为:以跳绳为器具,自由组合成两人、三人、多人的小组,学生根据本组同学的兴趣、想像,进行不同内容的锻炼或游戏:"跳编花"、"抓尾巴"、"比谁过得低"、"两人比双飞"。教师穿插其中,有个别小组一时没有好的锻炼方法,教师可以提示,提出几种锻炼方法给学生选择,使每个学生都能充分活动起来。

教师导入:小朋友们喜欢旅游吗?那么你们认识《水浒传》里的"梁山泊"吗?今天你们想不想和老师一起去梁山地区玩?到"梁山泊"水寨,就要通过一座障碍山(多级台阶),过了这座障碍山,就可以到"梁山泊"去了。

学生看着"障碍山",表现出一副跃跃欲试的架势。我乘机说道:"同学们,今天我们要走过'障碍山',这可是要使出力气才能通过的哟,你们有信心么?"

生:"有!"

教师请一位个子比较高大的男同学示范跳过"障碍山"的动作,这下很多同学都跃跃欲试,这时候教师做了一个失败的示范,两脚用力一跳,落到了台阶的边缘,踉跄了一下,整个人"摔"下了台阶来。同学们都惊讶地叫着,纷纷议论起来,有的说要用力再往前跳一点点,有的说关键之处就是胆子要大……随后教师提出跳过"障碍山"的注意事项。

(2)学生练习跳过"障碍山"。

(3)同质分组,找好朋友比赛,看谁的动作优美。

教师提示:今天我们学习了跳过"障碍山",你们知道怎样才能顺利地跳过"障碍山",而且使动作优美吗?想一想,然后说说。

2. 梁山之上练本领。

导入:梁山地区自古就是个出名的土匪窝儿。历史书中的宋江似乎是个"流寇",说书人才把宋江的据点安排在最出名的土匪窝儿梁山上的。我们来梁山必须先得锻炼好自己的身体,练好本领,然后才能看到这里的风景。

(1)活动设计:各种各样的跳(模拟各种小动物的不同跳法)。

师:要想饱览梁山地区的优美风景,必须要具备有力的大腿,所以得练好腿部的力量。

师:现在我们就来模仿各种小动物的跳,看谁的动作模仿得最逼真,跳的最远。

(2)评价激励:分别请几个善于模仿各种小动物跳法的同学说说自己的跳法,让跳得最远的同学站在前面来谈谈他的成功体验,大家分享他们的快乐。

(3)快乐分组:组成学习、练习小组,和同伴谈谈自己的感受以及体验。集合学生,进入本节课的尾声。

3. 结束:师生一起跳轻松愉快的放松舞蹈。教师带领做,学生模仿练习。最后集合整队,小结本节课,师生交流体会,进行鼓励与表扬。

【活动评述】

整节课抓住三个重点:第一,抓住学生具有较强烈的发散思维的特点(好奇心);第二,重视培养发展学生的灵活性以及观察能力和想像力;第三,营造宽松的课堂氛围。

这节课给予了学生充分展现自我的空间,整节课都是在宽松的氛围中进行的。宽松的课堂氛围既发展了学生的主动精神和主体性,又提供给学生发现问题和解决问题的环境,让学生成为学习的主人,亲身体验活动的乐趣。因为成功与失败都是收获,酸甜苦辣都是营养,使他们各方面都得到充分的发展。

(深圳市南山区留仙小学　张子文)

把握跳绳节奏　克服心理障碍

【设计理念】
　　以"健康第一"为指导思想，发展身体素质为出发点，以"自主、激情、愉快"为主调，充分调动学生的积极性，发挥学生的主体作用，激发学生的创新精神，使学生在协作、竞争、克服困难中获得成功的喜悦，增强自信心，达到相互学习、交流、取长补短的学习目的，促进学生身体的全面健康发展。

【活动目标】
　　1. 使学生克服跳大绳的心理障碍，突破、超越自我。
　　2. 增进学生的心理健康和社会适应能力，使其在活动中尊重他人，在游戏中感受成功的乐趣。

【活动准备】
　　1. 对学生进行动员，使他们有兴趣、有胆量参加跳大绳游戏。
　　2. 把全班同学分成两大组，每组十男十女。
　　3. 准备两条大绳。

【活动过程】

活动一

　　1. 学习和运用有关技能，初步掌握和创造简单的跳大绳的动作；在活动中不妨碍他人参加游戏，并在活动中尊重他人。
　　2. 逐渐掌握跳大绳的技巧，尤其是节奏感和进、出的时机。

活动二

　　绕"8"字跳大绳，在学会正面跳大绳的情况下，学会反面跳大绳。

活动三

　　两个组绕"8"字跳大绳比赛。

【反　　思】

　　陶行知先生曾明确指出,学生的学习光靠智力是不行的,光有学习的热情也不够,还得有坚持到底的意志,才能克服大的困难,使学习取得成功。因此在体育教学中要让学生了解学习的目标,激发其内部动机,以唤起学生的学习积极性。因为行为目标越明确,行动的方向也就越能正确把握,对行动的推动力量也就越大。

(深圳市南山区华侨城小学　巫泰华)

各种形式的单、双脚跳

【设计理念】

对于一年级小学生来说,在体育课中体验参与运动的乐趣,增进健康,并掌握一定的技能是主要任务。所以在上课时要充分考虑到儿童的身体现状和心理需要,让儿童在特定情境中学习体育,参加锻炼。体育与健康课关注的核心是满足学生发展的需求和情感的体验,所以应给学生自我设计、自我展示、自我体验的机会,以完成动作参与,身体健康,社会适应等各领域的教育目标。

【活动目标】

1. 运动参与目标:通过课前、课后的拓展,课中的活动,创设良好的学习环境,培养学生对体育活动的兴趣,培养学生主动参与活动的态度与行为。

2. 运动技能目标:让学生初步体验单、双脚跳的动作,发展跳跃能力,提高灵敏、速度、力量及协调能力。

3. 身体适应目标:让学生发展跳跃能力,养成良好的健康习惯。

4. 社会适应目标:培养学生团结、协作、创新精神与尊重他人及合作学习的习惯。

【活动过程】

一、引发动机

1. "一二三四五,上山看老虎……"学生在第 2 个"一二三四五"口令完成以后,根据自己的想像,用身体、动作、语言表现出自己特有的造型动作(反复 4 次)。

设计意图:以游戏的形式开始体育课,完成热身活动,使学生体验自创动作的愉悦,发展学生的想像力、表现力,在活动中表现出"动中有思、思中有练、练中有情"。

2. 拍拍小皮球:教师扮演篮球运动员,学生模仿小皮球,师生按自编儿歌的内容、节奏边说边练。

师:我有一群小皮球,拍一拍。

生:跳一跳,跳一跳。(边喊边做。)

设计意图:在师生共同参与的角色游戏中,让学生体会双脚同时蹬地起跳的动作要领,增强师生之间的情感交流。

二、发展活动

1. 小兔子旅行:教师问:"旅行途中有很多大灰狼,同学们是小兔子,该怎样旅行?"引起学生思考像小兔子跳蹬时轻巧落地。教师示范,学生模仿练习,师生共同参与。

设计意图:落地轻是本课重点,教师利用学生已有的生活经验,在游戏中让学生去体验落地动作,并掌握落地的方法,将教学重点内化在情景之中。

2. 讨论尝试:

(1) 怎样跳,才能与小兔子一样落地轻?

(2) 各小组进行场地的交换及器材的调换后继续练习,目标是落地轻、跳得远。

3. 发表分享:请各组做做看,选出做得好的小组或个人带领练习,相互交流,为完成目标而努力。

4. 活动深化:最后两次让学生自编自创动作。

设计意图:教学过程中应重视学生的心理需要及情感体验,在有趣的情景之中,通过分组讨论、发表分享、展示归纳等活动来激发学生的主动性,培养学生的创新思维,提高合作、探究的学习能力,并兼顾学生个体差异,给他们创造自我设计、展示交流及探讨的机会。

三、深入活动

1. 编花篮:教师以语言引导学生分组编花篮。

师:春天到了,漫山遍野都开满了鲜花,同学们能编出漂亮的花篮吗?

学生自由组合进行编花篮的游戏。

2. 搭帐篷:教师问:"玩了一天了,晚上我们怎么办呢?"引起学生思考,自由分组创编动作,师生共同参与游戏。

3. 情景结束,进行放松。

【活动评述】

这节课队伍的调动、场地的变化巧妙,安排合理,能利用儿童生理、心理特点,采用生动形象的儿歌等形式来引导学生进行探究性学习,给学生足够自主学习的时间、空间,让学生能参与合作,进行障碍情景的设置,课中教师对学生活动能力的调控将更有利于教学效果的展示。

(北京师范大学南山附属学校　刘冰洋)

跳出健康　跳出快乐　跳出创新

【设计理念】

1. 让学生学会社会适应能力、学会合作、学会关心、学会尊重，使学生懂得与人交往。
2. 根据教学目标，选用不同分组练习方法，提高学生学习的兴趣和与人交往的能力。
3. 关爱每一个学生，自主和有所创新地选择跳绳方法。

【活动目标】

1. 让学生学习及提高立定跳远和跳绳的技术，发展全身协调能力。
2. 通过立定跳远和跳绳练习，增强学生腿部力量，发展体能及协调性、灵敏性，培养学生自主学习和创新的意识，巩固立定跳远和跳绳的技术。

【活动准备】

1. 明确目标，导入主题。
2. 用儿童喜爱的游戏"老鹰抓小鸡"进行热身活动，激发学生对体育的学习兴趣。

【活动过程】

一、发挥主体作用，开发学生创新思维

1. 引导学生进行直线、圆圈、障碍物等各种方式的练习。
2. 请好、中、差的同学做立定跳远、跳绳演示，并根据不同情况，做出评价。
3. 教师就规范动作做出讲解和示范，重点在全身协调性和创新思维方面。
4. 分成8个小组练习（合作分组、友情分组）。
5. 确定同质组，全面开展练习，教师巡回指导。

教师片段

教师：请你们出来谈谈自己的成功体会。

学生1：要想跳得远，全身要协调。

教师微笑表示赞同。

学生2：我能跳出7—8种跳绳方法。

教师：你能出来展示给家长和同学们看一看吗？

学生2：好的。（展示双腿并拢跳、交叉跳、跑步跳、向后跳、单脚跳、向前连续跳、半蹲式跳、自由式跳。）

教师：你演示的8种跳法很有创意，请同学们再开动脑筋跳出更多、更好、更新的动作来。

然后学生再分开练习继续体验,友情小组积极讨论并练习。

6. 教师进一步讲评技术动作,帮助学生加深理解。

二、跳出健康、跳出快乐——跳绳游戏接力赛

1. 教师讲解比赛方法、规则,并由教师完整示范一次。
2. 哨声指示比赛开始。
3. 教师讲评比赛结果,小结立定跳远、跳绳技术。

三、调整情绪,角色回归

1. 根据新形式,教师以语言导入,进行放松练习(播放音乐《小燕子》)。
2. 一课一得:教师介绍各种跳跃的方法;
3. 教师对本次课进行总结评价。

【活动评述】

教学目标突出,结合教学目标(立定跳远、跳绳)选择教学手段、组织形式处理教材是本课取得良好教学效果的关键。练习是技能形成的最佳方法,我采用形式多样的练习方法,增加练习次数,提高练习的密度,同时给学生更多的主体空间和展示机会,尊重个体差异,让学生在体育教育中寻找健康、享受快乐,让每一个学生都健康、快乐地成长。

(深圳市南山区蛇口学校 邱运泉)

勇于创新　体验运动的快乐

【设计理念】

好动是学生的天性,他们对体育活动有广泛的兴趣,喜欢学习别人的运动技巧,但有时过高估计自己的能力,还缺乏合作精神。针对学生的心理、生理特点,在教学中灵活安排多样的跳法练习,让学生自主学习、自由组合,能有效地激发培养团队合作精神,使学生在参与活动中得到成功的喜悦,有效扭转学生的不良心理倾向。

【活动目标】

1. 通过跳绳发展学生的身体素质,增强体能,促进身体正常的生长发育。
2. 在学习中充分展现自我,增强自信心和意志品质。
3. 培养良好的团结协作精神。

【活动准备】

1. 为了更好地完成教学目标,我在体育教学中把音乐、英语、信息技术等学科整合到体育的课堂教学当中。
2. 将多媒体引入体育教学,通过动画的演示,使学生直观地了解跳绳的多种跳法和相关知识。
3. 由于跳绳的种类和方法很多,在安排课时,按照单人——双人——多人——集体以及短绳——长绳等顺序练习跳绳的各种方法,使同学的练习由简单逐步到复杂,并不断激发学生学习的兴趣,让学生向新的目标挑战。
4. 准备短跳绳40根、长跳绳4根。

【活动过程】

活动一

1. 在本次课的开始部分,我以英语对话的形式进行课堂常规,大大增加了学生对体育课的兴趣。
2. 先让学生在《地道战》的歌曲中进行游戏,充分调动学生学习的积极性、主动性,活跃了课堂气氛。然后在音乐声中跟老师一起完成自编操,充分热身,为上课做好生理和心理准备。

活动二

1. 让同学进行友伴分组,练习以前掌握的跳绳方法。同时,在电脑中查找自己想了解的有关跳绳的资料,包括跳绳特点、练习跳绳时的注意事项和一些练习跳绳的方法。增加动画演示,让学生直观地了解到在跳绳中心脏跳动和肺部运动的情况。这样不但使学生掌握了跳绳的方法,而且了解到跳绳的相关知识。

2. 通过多媒体进行猜谜游戏,导出一种长绳的练习方法——"闯三关"。然后让学生仔细观察电脑的演示,进行分组练习,比比哪组学得快。然后,学生可以选择老师给出的跳绳方法练习,也可以自由创编练习,比一比哪组学得快?哪组的跳法最新颖?

3. 最后,让学生自己想像:用跳绳我们还能做什么练习,并自选一样比较喜欢的项目进行小组练习。

4. 各小组成果演示,并进行讲评。

活动三

先让学生欣赏歌曲,然后在悠扬的歌曲《让我们荡起双桨》的伴奏下自由做动作,从而达到恢复学生生理和心理状态的目的,同时渗透美育,陶冶情操。

【活动评述】

以跳绳为主教材,借助现代信息技术,通过动画的演示,使学生直观地了解跳绳的多种跳法和相关知识,不但让学生掌握多种的跳绳方法,而且让学生根据已有的跳法进行自由创编,培养学生的创新能力,让学生将自己的跳法大胆地向其他同学展示,增强其自信心,使其获得成功的喜悦。

(深圳市南山区外语学校　杨　俊)

花样繁多的投

飞向太空

【设计理念】

在我国首次载人航天飞船飞向太空成功的时候,我设计了一节体育课,叫"飞向太空"。当时孩子们对这非常感兴趣。为了提高他们对上体育课的兴趣,我就利用形象化的题目来吸引他们、激发他们的兴趣,使他们对体育课更加热爱。

在新的体育课程标准中,本次课的授课对象是水平一的低年级学生。在体育课课改的实践过程中,我体会到,为了更好地吸引低年级的学生对体育课的兴趣,必须让他们感到体育课的内容丰富多彩、生动活泼、充满乐趣,从而达到寓教于乐,让学生通过形象和其他一些方法来完成体育课教学所要达到的领域目标。特别是目前我们是根据领域目标所设定课的内容的情况下,根据授课的目标和如何培养低年级学生对体育课的兴趣,从而更有效地体现新课程标准的五个领域。因此我设计的这节课是根据学生年龄小的心理特点,对这节课的内容和教学手段进行了形象化的创意。这节课的内容是投飞盘,我就把向上、向远投形容成飞向太空,通过形象化的教学方法和手段来充分调动学生对体育课的兴趣。

【活动目标】

1. 激发学生对体育活动的兴趣和练习的热情。
2. 培养学生克服困难、战胜困难、团结协作的精神。
3. 提高学生的身体素质,练习臂力,发展身体协调性。

【活动准备】

本节课采用的这种富有创意的教学方法和教学手段,使原本单调、枯燥的教学内容充满了趣味性和娱乐性,这样就要做好充分的准备。

1. 在整个教学活动的内容上,用形象化的教学可以使学生很快进入状态,使学生集中精力参与活动,安排好适当的运动量。
2. 严谨的科学性、严密的目的性和严格的组织性,能更好地保证教学的质量,各方面都要做合理的安排和考虑。
3. 还安排了一些竞赛的内容,增加一些对抗性活动,这样有助于培养学生的集体观念。
4. 器材和场地的准备:划出飞行区和活动区,器材是五彩的飞盘,让学生看到了就有信心和感兴趣。
5. 配上和谐的音乐,将相关的音乐导入课堂。

【活动过程】

一、向往太空

为了提高学生对本次课的兴趣,我根据低年级学生的心理特点,首先引导学生:"大家都知道了中国神舟五号飞船已飞向了太空,那么今天的这节体育课老师就带着大家把我们的飞盘也飞向太空。"这样既激发了同学们的想像力,又引起同学们的兴致,调动起同学们的兴奋点,此时同学们已经沉浸在要把飞盘飞向太空的向往里了。"我们去看一下太空的奥妙,去体会一下新奇的游戏。"这就把同学们的注意力集中起来了。我开始宣布,"这节课就是飞飞盘,把飞盘飞向太空",用形象的主题调动了学生活动的积极性。

二、飞向太空

每位同学拿一个飞盘,首先在老师的带领下,做一些集中注意力的练习,如看谁接得快、看谁接得准、看谁顶得时间长等活动。音乐开始,随着优美的音乐,每位同学手拿飞盘,做起各种有趣的动作,这样既活动了全身,使身体的协调得到了发展,又活跃了课堂的气氛,让热身阶段在欢快中进行。接下来进行飞飞盘活动,教师做示范,学生分成几个小组进行飞飞盘活动,有的同学自编动作,各自都做出了不同的飞飞盘的姿势,同学之间进行评比,使学生们感到这项运动非常有兴趣。

三、太空趣味接力

当同学们飞盘飞得非常好的时候,老师给同学们安排了飞飞盘趣味接力赛,这样学生的练习热情又一次高涨。每当一次比赛结束,老师都做出奖励和讲评。

【活动评述】

在围绕实施新的体育课程标准的基础上开发地方性教材和学校教材方面,要有意识地根据教学内容的要求,充分利用学校现有的体育教学器材来安排教学内容。用形象化教学能够大大增强学生的参与性,特别是对低年级的小学生来讲,体育课给他们带来了浓厚的兴趣,这样也就做到了寓教于乐。把形象化教学导入课堂之中,使单调的飞飞盘活动,变成学生们乐于其中、参与其中、学于其中、得于其中的好课。整堂课高潮迭起,直到下课,同学们还都沉浸在欢快中,并能把这堂课所教的内容讲清楚,达到了锻炼身体的目的。除此之外,学生还会得到授课内容之外的一些收获,比如对航天的了解,比如要团结协作,不怕困难等。一节看似普通的体育课,只是有了创意,整个课堂的形式就变得活泼,内容就变得丰富了。

(深圳市南山区外语学校 于洪飞)

开放式体育教学,学生们很快乐

【设计理念】

投掷项目是一项古老的、传统的体育项目,学生通过学习和练习投掷,可以发展力量和协调性等身体素质,促进上肢肌肉、关节、韧带的发展。在多年的体育教学中,我发现学生们对投掷内容的教学最不感兴趣,尤其是水平一、二、三阶段的学生。分析其原因是该项目太枯燥,有一定危险性,每次上课老师的约束和要求太多,且练习器材数量不足,学生总是捡球、等球,所以学生们都认为最没意思,不好玩。

如何才能解决投掷教学过程中存在的诸多问题?如何才能改善并突破这种状况?我想如果一堂投掷内容的课能像游戏课那样让学生开心快乐,令他们喜欢,那这堂课必定是非常精彩的。它必须是一堂非常新颖的课,新课程理念充满整堂课,课堂气氛特别活跃,学生们快乐开心,学习兴趣和积极性特别高。欢快的音乐、有趣的游戏、教师的微笑和鼓励、学生的欢声笑语交融在一起,编织出一堂生动的、全新的体育课。为了能上出精彩的投掷课,我苦思冥想,认真准备,精心设计了这堂课,并获得了超出预想的好效果。

【活动目标】

1. 学生们在轻松、愉快的课堂中,愉悦身心,锻炼身体,舒缓疲劳。

2. 在音乐伴奏下,学生们主动、积极、快乐地学习或自己创造"快乐操"(准备活动操),学会模仿,学会分辨节奏。

3. 学生们自己主动体验投掷技术动作的学习过程,初步领会并掌握该动作的技术要领。

【活动准备】

1. 为了最大限度地提高学生的学习兴趣,同时也可解决教学器材不足的问题,课前我布置给学生们一个家庭作业,每人亲自动手制作一个沙包。

2. 精心挑选节奏不同、风格各异的三曲音乐,用于课堂教学及练习,将音乐与运动自然结合,以缓解学生们在学习新知识过程中可能出现的紧张情绪或压力,并同步培养学生们的音乐素养。

【活动过程】

活动一 快乐操(音乐伴奏)

1. 在欢快、优美的音乐伴奏下(伴奏乐曲应经常更换,这样可以令学生们保持新鲜感),学生们跟随并模仿老师做"快乐操"。在"快乐操"中,我设计了一部分专门性准备活动——将投掷技术动作艺术化,结合音乐变为舞蹈动作,这样可以让学生们没有任何学习压力,不知不觉地就已体会到投掷技术动作。

2. 学生们自由创编准备活动操,充分调动每一位学生的学习兴趣、积极性、创造性、自主性。

活动二 持轻物投掷(音乐伴奏)

1. 创设情境式游戏,给学生们准备开放式的练习——"打老鼠"。我在风雨操场四周的每根柱子上用红色粉笔画上老鼠图案(有一定高度),然后让学生们自由组合站好,在投掷线上用沙包"打老鼠",其目的就是让学生们自己在练习中体会投掷过程和用力方法。小小的沙包已将危险系数降到了最低,就不必给学生太多的约束了,可让学生们自由发挥,这样可以给学生充分的创造思维空间和自主学习空间。

2. 正确与错误动作的分析、比较(引导学生们学会自己发现问题、解决问题)。

(1) 让两名学生给大家示范表演"打老鼠"(其中 A 同学的技术动作正确,B 同学的则不正确)。

(2) 提出问题:"为什么 A 同学能打中老鼠,而 B 同学却打不中呢?"

(3) 学生们交流,谈练习感受。

(4) 在学生们认识的基础上,老师再将动作进行完整地示范和讲解,强调要领"引伸、手过肩、肘向前"。

(4) 学生们再次分组练习"打老鼠"。

活动三 投掷游戏——"比比谁投得准"

用竞赛的方法调动学生们的兴趣和积极性,从而进一步巩固学生们的正确技术动作。

最后给予学生们公正、真诚的评价。

【活动评述】

这节课在教学方法与手段上做了许多新的、大胆的尝试,将音乐、英语、技巧、游戏交融为一体,这是这堂课最大的特色。整堂课中所有的练习(快乐操、滚动和滚翻、游戏、放松)均以欢快的音乐伴奏,既陶冶了情操,培养了节奏感,又缓解了学生的学习压力和紧张感。简单的英语对话,学生们在英语课上都学过,可没想到体育课上也能用,这对学生的学习兴趣是个递进式的推动。学生们兴致勃勃地完成了准备活动。开放而自由的练习方式让每一位学生都能忘我地、积极地参与,也给了学生们大胆创新、大胆尝试的机会和空间。鼓励和引导学生们合作学习、互帮互助,充分调动了每一位学生的学习兴趣、积极性、创造性、自主性。学生们在轻松活跃、宽松自然的气氛下尽情地玩、尽情地开心,在玩中探索、在玩中发现、在玩中学习、在玩中提高。整堂课充满了趣味性、合作性、创造性、群体竞争性。学生们在欢声笑语中获取了知识,锻炼了身体,培养

了能力,分享了成功。

在兴趣和快乐伴随下的学习,其学习效果是最棒的。给学生们安排的音乐伴奏下的快乐操,简单的英语对话,开放式的练习,竞赛型的游戏,都充分调动了学生的积极性、主动性、创造性,激发了学生的学习兴趣,很好地培养了学生的自主练习能力。

(深圳市南山区松坪学校　裴玲云)

争夺入场券

【设计理念】

　　这节课主要是通过学生分组学习,分组评价,把投掷实心球这一枯燥、单调的投掷教学内容融入到良好的德育教育中。学生从自己做实心球、投掷实心球,到组织比赛都是以"争夺去西丽果场摘水果的入场券"为导引,让学生时刻感到自己是在比赛,以增强他们自身的责任感和自豪感。通过学生自己学会本领、争取入场券这一自强不息、努力拼搏的过程,培养学生热爱体育活动、热爱劳动的情操,激发学生学习的热情。

【活动目标】

　　在准备活动和游戏比赛中,让学生了解各种不同的投掷方法;培养学生自己动手的能力;在体验体育运动乐趣的过程中,形成团结合作、共同参与的良好团体。

【活动准备】

　　在场地上做了适当的规划,并且划分了各种水果的区域,即三道"关卡",三条平行直线,线之间相距两米。第一条是西瓜,表示能投到这条线的学生可以得到去果场摘西瓜的入场券。第二条是香蕉,第三条是葡萄。准备三个箩筐,三十三张报纸用来制作实心球,录音机一部,25米卷尺一个。对学生进行必要的安全教育。

【活动过程】

　　一、设置悬念,激趣导学

　　在学生脑子里,怎么也不明白报纸会和上体育课有什么联系,因此一张张的报纸就给本节课的学习设置了悬念,从而激起孩子们极大的兴趣。

　　师:孩子们,知道这报纸是用来干什么的吗?

　　生:哦!是用来做球的吧!

　　生:到底是用来干什么的呢?

　　生:……

　　学生都很想回答老师的问题,很想知道这节课到底是要上什么内容。根据孩子好奇的心理设下悬念,增加学生学习的热情,提高学习的兴趣。

　　二、集中解谜,自制器材

　　学生在前一阶段没有得到答案,对接下来的环节就更加感兴趣。本着一切让孩子自己动手的理念,要求学生自制器材,并根据友情分组,每四人一组,各组自由选择教师所能看到的地方进行练习,期间给学生足够的时间把自己想到的动作都做出来。抓住学生争强好胜的心理,提要求看哪个小组成员能互相帮助,能共同学到好本领,怎样扔

最好玩,扔得最远。注意安全意识教育,提醒学生不要对着同学扔。

生:老师,你快说,我们这堂课到底上什么内容呀?

师:老师想让你们学习本领,然后用所学的本领争夺去西丽果场的入场券,想不想去呀!

生:好!

师:今天的一切工作都由你们自己完成,你们现在每人领一张报纸,做成实心球,看哪个小朋友的动作最快,而且能最快地找到另外三个小朋友组成一组。

练习场面非常热闹,学生被完全调动起来。

给每个学生完全独立自由的时间与空间完成练习,从中培养孩子们独立思考、独立完成任务的能力,同时也培养学生对体育课的兴趣以及相互帮助的良好习惯。

三、小组比赛,观察个体

1. 讲解比赛规则及要求。

在指定比赛区域内有三道"关卡",能扔过第一关的获得摘西瓜的入场券,第二关是摘香蕉入场券,第三关是摘葡萄入场券。凡是投过相应关的同学要把"球"放在相应准备好的筐子里。一次比赛结束后,需要听老师口令再重复比赛。其间进行必要的安全教育。在一阵阵欢呼声中比赛结束了,全班32个学生全部通过考验。数了数达到第一"关"的有6个,第二"关"的有18个,第三"关"的有9个。于是每个人都可以获得一张入场券。

这一环节还是抓住学生争强好胜的心理组织比赛,锻炼学生顽强拼搏的精神,同时也提高学生投掷的能力。

2. 观察个体,做好记录。

及时发现投得好的孩子和做得不够好的孩子,以便及时给予评价和帮助。

学生个体素质不同,接受新事物的能力也有所不同,要及时发现并及时采取必要措施。

四、集中展示,总结评价

仍旧以小组的形式,一组一组比赛进行投掷展示,让每个学生都有机会在全班同学面前展示自己的动作,增强学生自身的优越感。教师及时给予鼓励,并借助同学的掌声共同表扬投得好的同学,鼓励学得认真的同学。最后整堂课在一片笑声中结束了。

通过此前的一次次比赛,再加上这一环节的展示,最后每个学生都争得了入场券,这给予学生强烈的自豪感和优越感,使得学生更加开心,更加喜爱体育课。

【活动评述】

这堂课的教学过程虽然重视学生投掷能力的培养和学生热爱劳动情操的培养,但更注重体育教学的趣味性、多样性和实效性。投掷练习用代替物报纸折成球作为投掷练习球,投掷练习完后,集中学生进行投掷能力的展示,力求营造一个自主、轻松、和谐并富有创造性的课堂氛围,充分发展学生个性,培养学生的创新意识。通过教师和学生的互动,培养学生的创造性思维和实践能力,学生在宽松的教学环境中,愉快地、积极地练习;培养学生对体育课的兴趣,让学生顺利地达到本教案的预期目标。

在教学中我注意更新教育观念,树立"健康第一"的指导思想,考虑到学生的运动兴趣,整堂课都是以主题渗透来引导。运动技能方面,创设一个有利于学生发展的教学平台,以四人小组的形式进行教学活动,同学之间互相指导、纠正动作,不仅初步学会投掷的动作,发展上肢和腰腹力量,更重要的是使学生养成探究、合作学习的习惯,培养学生学习的主动性。

(深圳市南山区留仙小学 李 青)

快乐的六一

【设计理念】

本课以课程标准为依据,充分发挥学生的主体作用,达到锻炼身体、增进学生身心健康、培养学生对体育活动的兴趣的目的。小学三年级的学生处于生长发育的初期,运动系统发育还不是很完善,处于发展期,运动能力较低,身体各部分肌肉发展不平衡,上下肢协调性较差,喜玩好动,想像力、创造力丰富,易激发学习兴趣。本课采用学生喜爱的跑、投活动作为教材,这两个活动内容,一个发展上肢及腰腹部力量,一个发展奔跑能力。两个教材的搭配,有利于学生的全面发展。这堂课将主题情境延伸,通过教师的语言描述、场景设置、情境延伸等教学手段进行情境教学。通过情境的不断延伸,围绕学生身心发展特点,引导学生在练习中积极探究和体验,从而引发学生对体育活动的兴趣,让学生在不断延伸的情境中学习知识,掌握技能,促进学生身体和心理的和谐发展。采用主题情境教学,创设"快乐的六一"这一主题,在组织形式上采用了集体练习、小组练习和个体练习等手段,使学生在练习当中能充分发挥自我,表现自我。

【活动目标】

1. 通过学习,使学生基本掌握原地投掷的基本技术。
2. 创设情境,激发学生的学习兴趣,并以积极的态度参与活动。
3. 充分发挥学生的想像力、表现能力。
4. 培养学生的公平竞争意识、合作意识,加强环保观念。

【活动过程】

一、激发兴趣,设置情境

教师介绍导入本课时内容,用语言、场地设置渲染节日情景。之后,利用音乐《蓝精灵》引导学生在节日里"找朋友",把学生自然地带入情境。

二、积极探究,育心强体

教师出示折好了的飞机,指导学生折纸飞机,并为飞机取好名字。教师提出问题:怎样才能使飞机飞得时间长(除去飞机折叠的关系),使学生带着问题去练习,并配上欢快的音乐。通过自由组合小组,在练习中寻找答案;通过和别的同学比赛、和教师比赛找出原因(挥臂用力,注意出手角度)。既相互协作,又互相竞争,使学生在玩的过程中掌握投掷的基本技术。最后过渡到投掷纸球、学生自制的丝袜里面填充海绵的小球来巩固投掷技术。同时提出问题:哪些部位用力,用力的顺序是怎样的?教师和学生共同讨论、归纳和尝试练习,对学生的尝试给予充分的鼓励,并加以引导,充分发挥学生的

探究、合作意识。

利用废旧的物品自制小球,培养学生的创新精神和环保意识。

根据运动技能迁移规律和三年级学生好动、对竞赛游戏情有独钟的特点,设置"节日游戏"——猜谜语,极大地激发了学生的练习热情。

利用接力跑的竞赛方式,最后一个学生跑完后迅速到指定地点拿出一个谜语,全组学生一起猜。这使得单调的跑的练习又增添了几分新鲜,并使学生从中获得了胜利的喜悦、成功的乐趣。

三、积极调整,放松身心

课的最后用音乐《让我们荡起双桨》进行放松,学生和老师在悠扬的音乐中翩翩起舞,积极调整,放松恢复,结束本课。

【活动评述】

在教师的引导下,充分发挥学生的主体作用,让学生自主学习,掌握方法,培养学生自我学习、合作探究的能力,发展学生创造、想像能力。师生关系融洽、和谐,使学生的个性得到发展。

在教学活动中,应给予学生充分的空间和时间,让其自主发展,充分发挥小组长的作用。游戏竞争的尺度一定要公正,要有利于激发学生的积极性。

(深圳市南山区西丽小学　杜　威)

向杨利伟叔叔学习,飞上蓝天

【设计理念】

坚持"健康第一"的指导思想,增进学生的身心健康和社会适应能力;激发孩子的运动兴趣,提高孩子的学习热情;以学生的发展为中心,体现学生的主体地位,提高学生的体育学习能力,使所有孩子都能体验到学习中成功的乐趣;让孩子了解英雄,学习英雄,教育学生只有拥有健康的身体,才能报效祖国。

【活动目标】

1. 让学生乐于参加体育活动,并在活动中展示自我。
2. 在游戏中激发学生的投掷兴趣,提高投掷能力。
3. 通过游戏培养学生的创新意识和自主学习能力。
4. 在活动中体现合作意识和交往能力。

【活动准备】

老师给每位学生准备一张彩色的A4纸;小足球每人一个,放在推车里;垃圾筐一个。

【活动过程】

活动一

师生见面,学生在老师的周围,老师提问:"同学们,你们知道杨利伟是什么人吗?"有一部分同学知道,一部分同学不是很明白,老师说:"他就是前段时间我们在电视上看到驾驶神舟五号飞船飞向太空的英雄——杨利伟叔叔,同学们喜欢他吗?同学们想不想去太空走走啊?"学生:"想。"老师:"下面同学们跟随老师一起在太空中走走。"老师在前面做太空行走模仿动作,学生随老师练习,老师告诉同学们可以自己想像,自己发挥,活动身体各部位关节,提醒学生动作要轻盈、要缓慢。

活动二

学生围在老师的周围,老师给每位学生发一张彩色纸。老师问:"同学们想不想当一名出色的科学家？现在我们就是小小科学家,用你们的聪明才智,用你们巧妙的双手,制造一架美丽的、先进的飞机或者飞船,再像杨利伟叔叔那样,勇敢地驾驶自己的飞船飞向蓝天,怎样？"学生自己折叠纸飞机,可以合作,可以自做。老师巡视、检查,给动手差的同学指点和帮助。折好的同学自行放飞,老师提醒要注意安全。玩过一阵后,老师和同学们一起探究：为什么有的小朋友的小飞机飞不高,飞不远呢？而有的飞得又高又远？老师找两个飞得不一样的同学出来做示范,同时告诉同学们,想要飞得高,手要举过头,想要飞得远,出手就要快。老师让学生跟着说一遍,然后让学生自己边说边掷,老师参与其中,号召谁愿意跟老师比试比试,对效果好的同学及时给予鼓励和表扬。再让学生自由放飞,老师巡视,随时提醒同学注意安全。把学生分成四个小组进行掷飞机大赛,及时鼓励学生。

活动三

老师建议把纸飞机拆开,捏成团,再扔扔看,是不是更高更远。老师看看学生的效果,然后把学生分成四列横队,玩"飞越长城"投掷游戏,两端的投,中间两队迎面跳跃拦截,间距 4 米,练习数次后再交换位置。彩色纸团满天飞舞,五彩缤纷,让学生在宽松活跃的环境中自由发挥。

活动四

老师让学生以小组传递接力的形式把纸团传回垃圾篓,再从推车传发给每人一只小足球,成散型队。老师问："同学们喜欢玩足球吗？那下面随老师一起玩好吗？你们注意安全,喜欢怎样玩就怎样玩。"学生有用手拍球的,有抛接球的,有左右拖球的,有射球的。孩子们在宽松的环境氛围中,不断地展示自己的才能,玩得十分开心快乐。过几分钟,老师提出两人一起玩,自己找伙伴,一人踢球,另一人分开双腿当球门,同时充当守门人,互相练习射门。数次后交换练习,学生的学习积极性很高。

活动五

师生一起玩"木头人"游戏,老师在前面带队,大家边念边按逆时针方向放松走："我们都是木头人,不许说话不许动",当说到最后一个"动"字时,立即做出一个滑稽可笑的木头人造型动作。三次过后,学生的热情未减,还要求继续。

【活动评述】

所谓"以学生为本",就是根据学生的特点,按照他们不同的个性、能力、喜好、兴趣,按照"关爱、尊重、平等、民主"的教态,按照孩子可挖掘的创造潜能以及可持续发展的目标去组织教学。

1. 活动开始,师生见面,互相问候,教师只是起引导作用,学生一开始就是课的主体,小主人的主体性贯穿整个活动过程。

2. 彩色纸飞机不仅美观,更重要的是活跃了课堂氛围。

3. 用竞赛的方法来收发小器材,这样节约时间,前后活动衔接紧凑自然,搭配合理。

4. 整个活动散点多,大部分是老师让学生怎样喜欢怎样做,鼓励学生创新,使学生的个性得到张扬。

(深圳市南山区大勘小学　母明志)

小保龄球比赛

【设计理念】

由于受传统体育教学的影响,学校体育器材设施陈旧、浪费的现象普遍存在。在教学活动中,我尝试着发挥现有体育器材的作用,开发其多种功能,使体育课呈现出生动活泼的场面,让学生从中享受到各种体育活动的愉悦。这堂课是我从废旧的器材中挑选出实心球、手榴弹设计成一次教学活动的过程。

【活动目标】

1. 发展学生上肢力量。
2. 提高学生控球能力。
3. 让学生感受打保龄球的乐趣,激发学习兴趣。

【活动准备】

实心球四个、手榴弹若干个。在平坦的场地上画一条投掷线,距投掷线10米处放4枚手榴弹。

【活动过程】

教学中我将学生分成人数相等的四组,每组十人面对投掷方向成纵队站在投掷线后。比赛开始后,各队排头学生将实心球向本队的手榴弹掷去(用地滚球),然后跑上前将球捡回,交给第二人,第二人以同样方法进行,依此类推,最后以击倒手榴弹个数最多的组为胜。总共进行三次比赛,最后评出了本次课的优胜者,在欢快的气氛中我对表现好的学生进行了表扬。

要求:

1. 投掷时不能踩线。
2. 必须采用地滚球投掷,不能向上抛球。
3. 必须在教师的指导下方可进行投掷,避免伤害事故的发生。

【活动评述】

新课程的理念赋予了体育课教学更大的发挥空间,我们体育教师只要常做有心人,尽可能开发一切可利用的体育器材设施资源,这样不但减轻了教学内容的单一所带来的枯燥、乏味感,同时也克服了学校体育器材设施匮乏的困难。

此次教学活动我一改实心球和手榴弹的传统投掷方法,集娱乐性和对抗性于一体,既培养了学生对体育活动的兴趣和对抗意识,又发展了学生的上肢力量,让学生在愉快的心境中锻炼了身体。

(深圳市南山区华侨城小学　欧阳智慧)

画出一片蓝天

【设计理念】

　　本课教学设计结合学生的年龄特点,注重学生已有的知识技能,采用"三化"教学方法,结合音乐、美术教学手段,以游戏为主,融知识、技能、情感为一体,以关注学生健康发展为本。

【活动目标】

　　1. 培养学生对投掷的兴趣,激发学生练习的热情。
　　2. 让学生获得投掷最基本的技术、技能,同时提高学生应用基本技能的能力。
　　3. 通过投掷教学游戏活动,培养学生面对成功与失败的健康心理体验及学生的团结协作、集体主义精神。

【活动准备】

　　准备毽球,投掷游戏活动的场地,韵律操音乐。

【活动过程】

活动一

　　将上课纪律和安全要求编成儿歌边做韵律操边说出。(播放音乐,教师领做,学生成四路纵队集合。)

活动二

　　教师带领学生边背儿歌边跑,围成一个圆圈:"来来来,看看看,我们都是木头人,不许说话不许动。"儿歌停,学生静止自创动作摆出一个优美造型,展示自我,教师请学生说一说为什么摆这个造型。对于表现突出的学生教师给予鼓励,并将投掷器材毽球奖励给学生。(教师视学生的准备活动情况,反复活动几次。)

活动三

　　师生继续同做"木头人"游戏,儿歌停,教师摆出一个投掷的造型。

提问：这是一个什么动作？（投掷动作。）

教师讲解投掷的动作要点，并用毽球示范投掷的方法。

提问：五彩缤纷的毽球在天空划过像什么？（归纳：像彩虹。）

学生试投掷一次，教师请一名动作不规范的学生在圆圈中间投掷毽球，请其他学生评价找出不足。总结归纳投掷的基本要点：又高又远。

教师请几个学生组合齐投，学生发现彩虹变宽，变得更美了；请学生自由组合进行分组练习，比一比哪一组的彩虹最美。（增强学生的协作能力，培养集体精神。）

活动四

在足球墙边立四棵苹果树，上面挂有不同分值的苹果，请学生分四个小组利用投掷毽球在"苹果园"中打苹果，请小组中的同学按苹果上的分值累计加分，比一比哪一组的苹果累计分值最高，得分高者为优胜，给予表扬鼓励。

活动五

播放轻快、优美的音乐，请学生随音乐放松。（队伍成四列横队。）

【活动评述】

1. 音乐教学手段的运用：

在课前以韵律操配儿歌为组织教学的形式较受学生喜爱。音乐能够刺激神经，采用旋律轻快、节奏感强的音乐，再配上韵律操，会在精神上、身体上达到双重兴奋的目的，有效提高学生上课的兴趣。而常规的组织教学虽然也可以吸引学生的注意，但却很难激起学生精神上的兴奋。

另外，在经过一系列的教学活动后，学生的身心已备感疲劳，因此我在整理活动时选用一段轻快、优美的音乐做放松活动，减轻学生疲劳。

在体育课中运用音乐教学手段，可激发学生更大的学习热情，有效提高学生们的学习兴趣。

2. 美术教学手段与游戏的综合应用：

教师在教授新的技术动作时，最常采用的是示范、讲解的教学方法。因为一般示范的动作讲究连贯性，速度较快，对于低年级学生来讲难以接受，有一定难度，又显枯燥。因此，根据水平一学生年龄小、喜欢游戏、喜欢模仿的特点，我把新的技术动作融入"木头人"、"划彩虹"两个游戏中，使学生在游戏中掌握新的技术动作要领，体现了在"玩"中学的教学理念。

在准备活动这一环节采用游戏"木头人"，可以使学生在游戏中放松，为下一环节做好生理和心理上的准备，同时提高学生的艺术造型能力。

教师利用游戏"木头人"活动摆出投掷造型，并提出问题，不但吸引全班学生的注意力，也能使学生们通过观察、思考得出投掷动作的要领。

游戏"划彩虹"这个情景的设置，给这个枯燥乏味的投掷练习带来了生机，带来了活

力。学生们想"划"了,要"划"了,争着看谁"划"得又高又远,讲技术要领时大家也全神贯注,学习效果得到了明显提高,不但学习了投掷的方法,而且将美育与体育有机地结合起来,丰富了学生的想像能力。由学生观察评价归纳出投掷的要点,改变教师指正的一贯方式,再次体现教学以学生为本的教学特色。

在游戏"打苹果"中,利用学生已有的数学知识创设一种生动活泼的仿真环境,进一步进行投掷练习,提高投掷准确度。这种"上课内容情境化,讲话艺术化儿童化,教学手段兴趣化"的"三化"教学,使课堂教学充满童趣,有效地提高了学生学习的积极性。

(深圳市南山区桃源小学 胡汉阳)

打雪仗,感受大自然

【设计理念】

体育游戏是一种娱乐活动,也是一种有组织的活动,它以促进身心健康为目的,每一个参加者按一定的内容、情景、形式和规则进行活动。它可以促进体力、智力和能力的良好发展。把体育教学内容贯穿于游戏当中,不仅可以提高学生的学习兴趣,把学生的全部注意力集中到教学中,还可以提高课堂的教学质量,很好地完成教学任务。这一点,对小学生尤其重要。

小学生天真活泼,好奇好动,注意力容易分散。学习原地侧向掷垒球技术性较强,内容单调,单一重复练习过多,较长时间集体统一行动和活动都容易抑制学生的情绪和参与活动的积极性。根据新课程的教学理念,通过"打雪仗"这一情景教学,让学生在游戏过程中进行自主性和探究性学习。

【活动目标】

1. 通过影片、图片、音响等多媒体教学手段创设雪的情境,激发学生的活动热情,让学生感觉到仿佛真正置身于大自然之中,去感受冬季飘雪的乐趣。

2. 让学生在打雪仗过程中体会、尝试各种投掷动作及效果,在游戏中学习,在快乐中感悟。

3. 更换雪球,比技术比距离,让学生在快乐中学习。

【活动准备】

1. 查找有关冬季下雪的影片、图片,能够充分体现和创设飘雪的大自然的场面及情境。

2. 把乒乓球装在白色布袋中做雪球。

3. 让学生查找有关掷"雪球"技术动作的资料,在脑海中形成印象。

【活动过程】

活动一

1. 教师利用多媒体让学生听、看,感觉冬天的大自然并伴随音乐做热身运动,让学生感觉真正置身于飘雪的大自然中。

2. 教师带领学生跟随音乐做准备操,乐曲采用《健康歌》,充分调动课堂气氛,让学生动起来、兴奋起来,体会上体育课的乐趣。

活动二

1. 把乒乓球装进白色小布袋中,当作雪球,由学生向空中抛起。创造出北方冬天下雪时,漫天飘舞着雪花,孩子们在雪中嬉戏打闹,喊叫着充满了快乐的气氛。

2. 把学生平均分组,在篮球场上捡拾散落在地上的"雪球"进行打雪仗。打雪仗时各小组之间要保持一定的距离,按规定进行游戏。

活动三

1. 在打雪仗的游戏过程中,同学们你追我赶,各小组同学一同进攻,共同防守,为了争取有利地势展开激烈战斗。他们采用了不同的投掷方式,远近不一,各有特点。

2. 下面把"雪球"换成沙包来练习比距离。以小组为单位进行练习,看谁投得远,动作优美。每组由组长负责组织组员评选出投得最远、动作具有特点的两名同学代表各自小组参加全班比赛。在练习过程中,同学们互相评议,争先恐后展示自我。最后做出总结,教师到各小组辅导,并对做得优秀的同学进行表扬奖励。

3. 由各组选出的两名队员参加全班比赛,赛后对优胜者进行奖励,并对选出的每一位同学进行评述,多用赞扬和鼓励的话语来勉励同学,激发学生的学习热情。

活动四

1. 学生在教师带领下伴随音乐做放松练习。
2. 教师对活动课进行小结,评选出优秀小组,并给予奖励。
3. 以比赛的形式整理器材,看谁在规定时间内捡拾雪球又快又多。

【活动评述】

在围绕实施新的体育课程标准的基础上,有意识地根据教学内容的要求,充分利用学校现有的体育器材,进行有序、有趣、有益的组合和编排,设计学生们活动的内容,同时导入情景教学。本节课利用"打雪仗"这一情景教学,激发学生的活动兴趣,通过分组投掷沙包比技术,比距离,让学生自主探究性学习,符合新课程要求。在游戏过程中,通过递进教学法进行教学,从形式、条件、难度等方面加以改变,进而提高学生学习的兴趣,使课堂变得生动活泼。递进教学法能激发学生学习的兴趣,满足学生求新求变的心理需求,让游戏升级是教学上的一种递进,符合学生心理、生理特点。

(深圳市南山区外语学校 刘怀志)

玩报纸

【设计理念】

　　用日常生活中最常用的报纸来进行活动,不拘泥于形式和队形。教师引导学生想像,创造性地用各种方式来玩报纸:把报纸折叠放在头上、肩上、腿上等身体的各个部位,来发展学生的平衡能力。把报纸揉成团,用一个个纸球来做抛接游戏。持轻物投远,通过学生在投掷过程中的抛,发展学生的上肢力量,随着游戏的进行,逐步提高要求。通过地上的限制线促使学生投得更远,统一口令的同方向练习,反馈学生的练习情况。整个教学过程集中与分散相结合,练习中给学生选择的权利,让学生自由结合,最大限度地调动学生的积极性。不同对象合作,增强学生间的协作能力。教学中教师以启发为主,让学生带着问题去学习,学会在学习过程中寻找答案,实现从学会到会学的转变。

【活动目标】

　　1. 认知目标:让学生了解报纸的各种玩法,进行尝试,并了解这些方法对身体的作用。

　　2. 技能目标:利用报纸的各种练习激发学生对体育课的兴趣,发展学生的跑投能力,提高学生的协调素质。

　　3. 情感目标:培养学生团结互助、刻苦顽强的良好品质,并利用课堂对学生进行环保教育。

【活动准备】

　　场地:篮球场;器材:报纸、纸篓、标志竿。

【活动过程】

一、激发兴趣,活跃情绪

　　1. 常规:师生见面问好。

　　2. 玩报纸:头顶报纸走,手拉报纸跑,身体贴报纸跑,发挥想像把报纸放在身体的各个部位走、跑。看谁的方法最多,给予表扬。

　　组织形式:自由分散——自由组合。

　　教师主导:语言提示、参与练习、鼓励创新。

　　学生主体:思维活跃,用多种形式参与练习。

二、培养兴趣,发展能力

　　1. 自由抛接纸球:让每个同学把手中的报纸揉成纸球。

(1) 把手中的纸球尽量向上抛，下落时自己接住。
(2) 自己找到自己的朋友，2—3个为一组，互相抛接，距离慢慢由近到远。
(3) 自己找好一面墙，把球用力向墙打去，手臂要有由后至前挥臂的动作。
(4) 把学生分成四列横队，做投掷练习。检验学生挥臂动作的练习效果。

组织形式：自由分散 2—3 人组合。

教师主导：巡回指导练习。

学生主体：自由发挥，用各种形式进行抛接练习。

2. 纸球投远

方法：学生分成四列横队，学习下面的投掷动作。

(1) 持纸球从体前经过侧摆至体后，右臂伸直与肩平，向前挥臂练习（纸球不出手）。

(2) 侧对投掷方向，引球、蹬地、转体、过肩挥臂用力把纸球投出。

重、难点：抛得远。

组织形式：四列横队。

教师主导：调动队伍，讲解投掷要求。

学生主体：自由抛接纸球。

3. 滚球过门

方法：画一条起掷线，学生成四路纵队站立在起掷线后，起掷线后用标志杆做好四个球门。各队排头的将手中的纸球掷出，使纸球从门中滚过。只有第一次从门中滚过了，才能滚第二次，第二次过了，才可以进行第三次，依此类推。第一次过门的加一分，第二次的加两分，依此类推。得分多的为胜队。提前结束的同学为本队同学加油。

重、难点：纸球要揉得圆，动作要协调。

教师主导：讲解方法，强调动作重难点，组织竞赛，点评得失。

学生主体：相互合作学习，参加练习与竞赛，交流体会，自评优缺点。

三、保持兴趣，身心放松

1. 师生共同放松。
2. 师生交流体会，进行鼓励与表扬。
3. 收拾器材，解散。

（深圳市南山区海湾小学　姜　欣）

魅力无穷的球类运动

篮球,你是怎么玩的

【设计理念】

对一年级的小朋友来说,球是一个既熟悉又陌生的概念。对于篮球,他们的认识也很有限。在他们的思维里面,篮球可能是能滚会跳圆溜溜的有趣的玩具,对于篮球运动在健身运动中的意义和作用,当然是不了解的。为了使他们对篮球有个初步了解,激发、培养对篮球运动的兴趣,发展终身体育意识,根据新课标的要求,进行本课设计。

篮球运动激烈、快速,竞争性强,趣味性浓,容易引起学生的兴趣。它能全面锻炼身体,发展学生的跑、跳、投等基本活动能力。如果从小培养起了浓厚的兴趣、学会基本的技能,可为学生终身保持运动兴趣、终身参加健身运动打下良好基础。

儿童天性好动、好玩,根据新课程理念,对低年级段儿童来说,更应淡化技能,以培养兴趣为主,重视培养学生的探究学习意识,培养团队精神。因此,本课设计指导思想为:在玩球中认识球,在玩球中学会与人合作,在玩球中培养创新精神,在玩球中潜移默化地进行尊重长辈的思想教育。

教学思路:激励创新——游戏热身(偷球)——自编玩法——交流玩法——集体游戏(看谁躲得快)——给养老院送西瓜(游戏结束、收球)——(整理运动)小结、谈感受。

【活动目标】

1. 让学生认识小篮球,能说出小篮球的特点。
2. 启发学生自编小篮球5—6种玩法,培养学生的探究学习能力。
3. 让学生学会与人共同游戏,懂得遵守游戏规则,培养良好的人际关系,养成团队合作精神。
4. 在活动过程中,锻炼学生上下肢肌肉运动能力及协调能力,提高学生的灵敏、速度、耐力等身体素质。
5. 说说自己活动的感受,引导学生表述内心体验,培养学生对篮球运动的兴趣。

【活动准备】

1. 准备篮球场一个,对场地进行重新布置,在一个半场地的中间画一条横线,并把40个小篮球放在横线上。
2. 准备四个写有"养老院"字牌的竹筐。
3. 准备一些小红花、五角星之类的小奖品。

【活动过程】

一、开始上课

集队,报数,检查服装,师生问好。

二、导入课题

询问同学,请大家告诉老师最喜欢什么运动,启发学生观察四周,引入本课活动主题:篮球。告诉学生,篮球有多种玩法,激励学生玩出自己的花样,激发学生的创新意识和运动兴趣。

三、游戏热身

偷到球才能玩球,以趣味性激发学生得球的欲望。讲述规则:

1. 音乐一响就开始前进。前进的时候必须趴地或半蹲而行。

2. 老师负责看守篮球。当音乐停止时,学生必须立刻停止前进,不能再动,动就意味着被发现,如被发现就得回到原点重来。当音乐再次响起时,才可继续前进。培养学生的警惕性和体验怕被发现的紧张心情。

3. 拿到球后得跑回原点才算成功。

大家都拿到球后开始做准备运动,在音乐的伴奏下由教师领做。

四、学习小篮球,看谁玩得花样多

1. 导入启发谈话:聪明的孩子最喜欢玩球了,他能玩出很多花样来。今天老师就要看看我们这么多小朋友们里面谁最聪明。大家可以自己玩,也可以几位同学一起合作探讨研究玩法。等会老师要请玩得最棒的同学来表演。

2. 学生自由玩球,老师巡视辅导。对认真练习和能玩出新花样的学生给五角星奖励,激发其积极性;对束手无策,想不到玩法的学生做适当的引导和鼓励,使他们大胆地尝试;对一些调皮无心练习的学生,以发掘他们的闪光点进行引导。充分体现学生的主体地位,给他们最大的发挥空间。

3. 交流学习:学生大约练习七八分钟后,教师要求学生暂停练习,小结活动情况,鼓励学生表演自己的玩法。注意:巡视时留心学生的玩法,表扬有创意的同学,特别鼓励平时胆小的同学,注意关注全体同学。对上来表演的同学,教师讲评并奖励红花一朵,激发学生兴趣。讲评后,再请学生总结玩法,互相学习玩法,使每位学生学会5—6种玩球的方法。教师继续巡视辅导。

五、篮球游戏,躲闪球比赛,看谁躲得快

全体学生以四列横队集中起来,教师总结刚才活动的情况,介绍新游戏,讲述游戏名称、玩法及规则。

游戏名称:看谁躲得快。

方法:1、2队为一组,3、4队为一组,各选一个组长。每组各用半个篮球场。各组的其中一队为甲队,站在篮球场的边线上,并发给四个小篮球,另一个队为乙队,站在球场的中间。两组的甲队同学用球滚向乙队同学,乙队同学灵活躲闪,如被球碰到就必须离开比赛场地。乙队所有同学都碰出场,甲队就取胜。两队再交换比赛角色,开始新的比赛。

规则:

1. 球不能扔、投,只能用抛滚球的方式进行比赛。

2. 被球碰到的同学应快速离开场地,否则取消比赛资格。

3. 每组抛滚球的同学都应站在边线外滚球。

教师向同学们讲解规则后,分组进行比赛。教师进行辅导,有时也参加到比赛中去。注意关注差生,关注体力弱的学生。注意提醒学生注意安全,避免在慌乱中发生碰撞事故。在游戏结束前,引导学生根据球的形状,发挥想像,说出球像什么。学生回答:太阳、地球、西瓜……引入下一环节。

六、为养老院送西瓜——收球

介绍养老院,对学生进行尊重长辈教育。通过给养老院送西瓜,培养学生的爱心,以此游戏作为整理运动,讲解规则后分小组活动。

七、放松运动,全课总结,谈感想

1. 在教师的带领下随音乐做放松动作。

2. 学生席地而坐,教师简单总结,启发学生谈出对小篮球的认识、玩球时的感受和以后要怎样来学习篮球。学生谈自己的感受和想法时,教师做适当的引导(如:小篮球怎么一打就会弹跳起来,开始时很难控制住球,练习多了就能控制住了,自己玩和跟同学玩的不同感觉,通过比赛获得胜利的感受等等)。

【活动评述】

兴趣是最好的老师,孩子们为何会如此钟情于体育,原来体育课除了可以锻炼身体、增强体质之外,还有很强的趣味性。在这节课中,采取"寓教于乐"的教学方法,小小的一个篮球,不仅可以锻炼身体,还可以激发学生的运动兴趣,开发他们的大脑,启迪他们的智慧,除了传统的带球、投球之外,还能玩出好多花样。教学中积极鼓励学生大胆创新,大胆展现自己与众不同的玩法,培养了学生的想像力和创新精神。通过分小组游戏比赛,让学生们充分体验运动的兴趣和享受身心释放的愉悦,还培养了学生团结合作的精神。本课堂教学活动围绕篮球进行,让学生充分活动,学会思考探索,学会协作配合,学会表现自我及反思谈心,使学生懂得如何区分个人和集体,从而树立集体观念,学会遵守规则、尊重他人,使良好的个性品质得到发展。

(深圳市南山区平山小学 林锡琼)

篮球游戏：赶小猪

【设计理念】

在新课程标准的指导下,立足于改革传统的教学方法,注重培养学生的创新精神和实践能力。本课以培养学生对篮球的兴趣及球感练习为目标,在教学中充分发挥学生的主体作用,为学生搭建好学习的平台,让其在学中玩,玩中学,给学生以自主学习的空间和机会;通过运用多种教学手段,创设生动有趣的教学情境,激发学生学习的热情和积极性,发挥学生在学习过程中的主动性、创造性和个性特长,使每个学生在欢乐中充分享受活动带来的无限乐趣,体验成功的快乐。

【活动目标】

1. 通过篮球游戏的活动,让学生对篮球产生浓厚的兴趣,认识篮球的锻炼价值。
2. 学生能在轻松活泼的气氛中熟悉球性并做出各种拍球动作。
3. 在活动中发展学生丰富的想像力、创造力和身体的反应、灵敏与协调能力。
4. 让学生在活动中尊重他人,不妨碍他人活动,建立友好的伙伴关系,具有团结协作的精神,体验活动带来的乐趣。

【活动准备】

1. 篮球场一块,篮球 41 个。
2. 大灰狼头饰 5 个。
3. 录音机 1 台。

【活动过程】

一、调动情绪,激发兴趣

在热身活动时,抛弃了从前那种以简单、枯燥的徒手操来进行准备活动的方式,而是先通过当前的新闻热点"宇航员杨立伟乘坐神州五号飞船飞入太空"事件来激发学生的学习兴趣,由教师带领学生模仿乘坐飞船在太空中遨游,然后再启发学生根据遨游的路线发挥想像,比如像蛇、火车、山峰、漩涡等,让学生在慢跑中不仅活动了身体,还培养了丰富的想像力,始终使学生处在积极学习的氛围之中。

二、掌握技能,合作探究

通过教师与学生一起探讨各种拍球动作,如单、双手拍球,左、右手拍球等,使教师和学生处在平等的地位。这种师生讨论法可以拉近师生间的距离,给学生以亲近感,消除学生被动学习的思想。在此基础上教师再启发引导学生自己创新动作,如转身拍球、胯下拍球等,给学生一个想学、乐学的时间和空间,各自去尝试探索篮球的规律,并从中

获取基本的篮球技能。最后与同伴的换位接球(二三人一组或多人一组)活动,充分发挥学生的自主、探究、合作能力,培养学生的创新意识和团结合作的精神,在活动中建立起友好的伙伴关系,敢于大胆地展示自我,体验合作成功的快乐。

三、愉悦身心,以趣促练

游戏,是学生最感兴趣的。在玩情境游戏"赶小猪"时,教师引导学生把在地上滚动的球想像成可爱的小猪,再安排部分学生戴上大灰狼头饰,扮演凶恶的大灰狼。在游戏进行的同时配上与游戏情境同步的音乐,师生一起活动(教师有时扮演赶小猪的小朋友,有时扮演凶恶的大灰狼)。这样既能使学生在游玩中展开丰富的想像,又能充分调动他们的游戏热情,增加了游戏的趣味性,活跃了情绪,使学生充分体验到了游戏带来的乐趣。

四、调节情绪,恢复身心

课的放松展示部分,让学生在舒缓、优美的音乐声中漫步放松身体,同时又要在教师突发的信号声中进行动作展示,教师给他们进行"摄影"留念,以此来达到张扬个性、身心得到全面放松的目的。

五、组织、教法、学法

本课在组织上以自由队形、友伴分组为主要形式,教法上运用了启发引导法、讨论法、练习法、比赛法、情境游戏法等,学法上运用了观察法、讨论法、比赛法、展示法、评比法等,通过这些方法可以更好地激发学生学习的欲望,使师生之间、生生之间的关系更融洽,有利于教学活动的实施,更有助于促进学生智力的开发和能力的培养。

【活动评述】

兴趣是最好的老师,篮球又是小学生最感兴趣的活动之一。本课就利用篮球作为教具,让学生在对篮球产生浓厚兴趣的同时认识篮球的锻炼价值。学生们在轻松活泼的气氛中通过拍球、滚球等活动,既熟悉了球性又掌握了一定的篮球技能。在教学过程中,教师不断通过各种教学方法和教学活动来激发学生的求知欲望,培养学生拓展思维进行创新活动的能力和在活动中尊重他人、不妨碍他人活动、建立友好的伙伴关系、具有团结协作的集体主义观念。游戏也是学生们最喜欢的,情境游戏"赶小猪"就是针对学生们的身心特点而设计的。游戏中有大灰狼、小猪等学生们十分熟悉的角色,还有与游戏情境同步的音乐,这些都能极大地激发起学生的活动热情,使学生在有趣的情境游戏中很好地完成教学目标,达到娱教一体的目的。

(深圳市南山区同乐学校　陈维刚)

让美丽的毽子飞起来

【设计理念】

"踢毽子"是在体育教学中针对水平三的学生的身心特点而设计的一个教学内容,通过自主、探究、合作学习加上教师的引导来学习毽子的基本踢法。

健康、快乐是体现体育新课程改革的一项重要指标,而如何达到这项目标,是每个体育教师在新课程改革中必须要思考和解决的问题,只要让每个学生都能积极地参与并在活动中体验快乐,我们的目标就达到了。

从教学上我们必须打破传统教学方式,不是老师教学生机械地学这种老模式,而是通过多种方法来互动学习,如合作探究、师生互动、学生自主学习等方式;从教学评价上,将打破传统的评价方式,不只针对技术动作掌握的程度,而是从多种角度进行评价,把重点放在培养学生的兴趣方面和运动参与方面。

本次课的活动设计主要是通过合作探究方式和多角度评价来进行的。

【活动目标】

通过教师的启发与引导,激发学生的兴趣,以探究的学习方式,发挥学生丰富的想像力,让他们自由发挥不同的踢法,从而使他们想踢、爱踢,感到自己是学习的小主人;在掌握毽子的基本踢法的同时也发展了他们的观察能力、模仿能力和创造能力,发展了身体素质,并得到良好的心理体验。

【活动准备】

课前教师将上课所需的毽子准备好,同时准备好用于评价的"踢得最多奖"、"最佳动作奖"和"最佳创意奖"奖品若干个。

【活动过程】

一、尽情发挥,不拘一格

探究式学习是实施新课程标准的一项重要教学手段,通过探究学习激发学生的想像力,让学生自主学习从而达到意想不到的教学效果。

师:今天我们学习踢毽子,它是我国古老的一项健身手段。今天老师不事先教大家如何踢,而是让你们开动脑筋相互讨论如何踢,但有要求,除了不能用手以外,身体任何部位都可以踢。

学生根据老师的要求分组进行讨论并自由踢毽子。

在学生踢的同时老师给学生进行引导,不停地鼓励学生发挥想像去踢毽子。

这一环节的设计意图是发挥学生的想像力,激发学生的学习兴趣。通过老师的引导,学生相互探究合作学习。

二、分组合作,共同提高

合作学习可以提高学习效果,通过合作探究来完成学习任务。取长补短,是成功教学的最佳方式之一。

老师对同学所采取的踢法进行分析并示范几种正确的踢法,以引导学生。要求踢法新、多、好看,由学生自由选择。

学生根据老师的要求选择一项进行合作学习。

这一环节的设计是通过老师的引导,学生相互探究合作学习提高学习效果。

三、相互学习,相互交流

让学生互助学习和自主评价是新课程改革教学中一项重要的教学手段,同学间相互学习,把自己的体会进行交流,对提高学生的学习兴趣和教学效果有积极的作用。

老师首先肯定同学们的学习效果,让各组同学进行表演。让同学们共同分享,并进行评比。

学生上台表演,与其他同学相互交流说出自己的感受。

老师通过集体评议给完成任务的优秀小组颁奖。

这一环节,就是让学生通过相互交流,提高学习兴趣和效果,检验学生合作学习的效果。通过学生自己的评价,让学生自我体验,让学生真正成为学习的主人。

【活动评述】

这是一个以合作、探究学习为特点的活动设计,整个教学设计中都以合作、探究学习为主要教学手段,打破了以往老师教学生学的传统教学的模式。教师在学生学习过程中只是一个引导者,学生们主动参与,发展了学生的思维。全新的评价不再以技术动作为惟一标准,而是多方面的评价,同时也不是以老师评价为主,而是师生的共同评议,这样激发了学生的学习兴趣,达到了传统教学模式难以达到的教学效果。

(深圳市南山区实验学校 程 鹏)

可爱的小球儿

【设计理念】

　　球,是小朋友最喜欢的玩具之一,也是促进小朋友健康成长的有益教具。本节课用球来吸引一年级的小朋友,让他们尽快适应新的学习环境,迅速地进入新的学习角色。

【活动目标】

　　1. 孩子们乐于参加球类活动及游戏,自觉体验运动的乐趣。
　　2. 在玩球的乐趣中,获取最简单的球类活动基本知识。
　　3. 能初步知道各种玩球方法。

【活动准备】

　　1. 上课前准备好五颜六色的小球 40 只,放在球场的四周。
　　2. 准备小垫子 8 张,分组游戏时用。
　　3. 录音机一台,《丢手绢》等歌曲磁带。
　　4. 奖品:小红花和小苹果(5 朵小红花可换一个小苹果)。

【活动过程】

活动一　游戏"丢手绢"

　　开始上课,小朋友跟着音乐唱着歌围成大圆圈做"丢手绢"游戏。教师学生齐参与,并组织、指挥小朋友们一起做游戏,形成良好的师生互动氛围。

活动二　找球

　　1. 课前设计好问题,让小朋友回答。能回答的小朋友,每次奖励一个球,让他自己去找一个最喜欢的球回到圆圈。要求:快速、准确。例如:小球像什么,小球的名称及其玩法——小皮球、篮球、排球、足球等等。
　　2. 没能够回答问题的小朋友,让其讲一个有关球方面的玩法,也同样奖励一个球。例如:用手拍球、用脚踢球、滚球等等。
　　3. 在出现有的小朋友有几个球,有几个小朋友没有球的情况下,教师要引导小朋友发扬团结友爱、互相帮助的精神,采用"赠"、"送"的形式,让每个小朋友人手一球,达到教书育人的效果。

活动三 "玩球"

1. 孩子们一球在手,安排玩球。教师示范,小朋友个人、集体练习。
2. 在玩的同时,要求每人创编出三种以上的玩法。例如:拍球、运球、抛接球、滚球、踢球、两人传接球等。
3. 师生共同参与,引导小朋友创编多种玩法,同时结合各类辅助练习进行活动。

组织:创编小球儿的玩法,体现"玩球"理念(有多种玩法者,奖一朵红花)。

形式:以儿歌形式完成。

活动四 游戏"小球儿快进门"

组织:把学生分成8个小组,在5米处用8张垫子摆成8个门。

1. 看谁能把球儿滚进球门(每人3次,2次成功以上者,奖一朵红花)。
2. 把球踢进球门——最棒(每人3次,2次成功以上者,奖一朵红花)。
3. 用其他方法抛进球门——最聪明(有创新者奖一朵红花)。

让学生把球滚(踢、抛)进球门,初步体验到玩球时的心理感受,如:成功、兴奋、失败、可惜等等。

【活动评述】

本节课从游戏入手,让小朋友尽快适应新的学习环境,自觉体验运动的乐趣,不但可以激发孩子们对体育课的浓厚兴趣,还从中获取球类基本知识和基本技能,为今后学习篮球、足球等项目打下基础。在活动中学会与他人一起参加体育活动,成为集体的一员,养成良好的行为习惯,初步体验成功与失败的心理感受。

(深圳市南山区向南小学 朱志学)

我们这样玩"棒垒球"

【设计理念】

通过棒垒球创新活动,促进学生学习方式的变革,从而改变教学中普遍存在的学生被动接受、反复操练的学习方式,让学生在自主探究过程中"获得知识和技能、创新思维及情感态度的发展,尤其是合作学习和创新能力的发展"。

在新课程改革的教学中,在进行传统的体育项目授课实践中,如何更好地落实好课改的理念,是教师们探索的目标。学校体育如能汲取传统体育的好的教学内容和教学手段,化竞技体育为学校体育,化竞技体育训练方法为学校课堂教学,合理有效地开发有限的课程教学资源,让学生通过自主的活动,愉快地掌握运动技能,这样必能更好地实现体育教学目标!

【活动目标】

1. 帮助学生了解并掌握一定的棒球运动基础知识及基本技能,淡化竞技运动纯技术技能的学习。

2. 鼓励学生大胆创新,促进学生探究学习的欲望,激发学生的创新思维。

3. 增强学生团队合作意识和竞争意识,发挥学生的个人潜能,懂得自己在集体作战中的重要作用。

4. 改变教师的角色,改进教师的课堂作用,学生成为真正的主体,甚至是课的设计者或体育教学资源的开发者。

【活动准备】

探究式学习是相对于授受式学习而提出的,它是一种学习的革命,是一种学习理念的根本性转变。探究式学习是以学生为本,学生充分、自主、独立学习和集体探究的过程,那么,教师在课堂上应该充当何种角色?教师又该如何扮演好自己的角色?探究式学习必然会造成结论的多元化,身为体育教师该如何统一组织教学的导向性呢?

我带着种种疑问想和同学们一起在活动中得到答案,于是展示棒球、垒球比赛的图片、卡片,让学生有个初步了解并激发他们的兴趣。然后请同学们说说各自了解的棒垒球运动。

【活动过程】

1. 建议活动——体育教学资源的开发。

师:"我们这节课来玩玩棒球,怎么样?"

刘倩同学反问道:"老师真会开玩笑,我们学校没棒没球也没有手套,怎么玩啊?"

师:"我们可不可以根据现有的器材条件创造一种新的棒球玩法呢?"

学生叽叽喳喳地讨论开了。

师："请同学们安静一下好吗？下面全班分成四组进行讨论，把各自的创新想法告诉组长，可以适当模仿棒球运动的方法和规则，看看你们怎样玩棒球？"

师生讨论结果：① 手充当棒；② 排球代棒球；③ 不用投手；④ 进攻方一人直接抛或扔或击排球一次，可进攻一次，但进攻跑垒人数不限（即改变棒球1球1人进攻的规则）；⑤ 其他规则基本遵循棒球规则不变。另外林文彬同学手骨折，大家同意他和老师当裁判。

2. 活动进程——探究讨论结果的可行性，强调自主合作。

情景一：全班男女均分两组，教师简单交代攻守规则、方法，以及注意事项。一组进攻得了11分。

轮到防守方进攻了，组长张迅安排男女生相间轮流进攻，男生负责击球，女生攻垒。最后得了15分。

最后学生集合，教师首先对这些有不同做法和想法的同学给予充分的肯定和鼓励，表示非常欣赏。然后，教师和学生统一活动规则，集中大多数学生的意见修改讨论结果：男女分开利用两个场地进行，轮流击球，不设专门的击球员，高飞球不设接杀。

情景二：男生觉得女生动作有点慢，不够刺激，不愿意跟女生一起玩，他们极力要求男女分开。于是男女分开，兵分四路，展开了激烈的角逐。女生各小组先是集体商量，统一了作战思想，因此，比赛显得比较从容、有序。而男生却显得有些急躁、凌乱，好像是胸有成竹，但是分工不够明确，活动进行得不太理想，相互之间的埋怨时而发生。

总体来说，同学们通过探究自创的活动，积极参与，非常投入，整个足球场成了欢乐的海洋。

【活动评述】

1. 建构主义学习理论认为，学生学习的过程应该是在个人经验的基础上，在教师和同伴的帮助下主动解决问题、建构知识的过程。然而，学生中没有几个曾经参加过棒球运动和学习，学生在创新活动中必定出现这样那样有待探讨成型的东西，他们在教学资源开发过程中的体验、认识、领悟，以及展开激烈的争论，都来自学生的充分自主的探究以及与同伴间的合作交流。由此可见，探究式学习，首先要让学生有自主探究的时间和空间，要相信学生有自主发现的能力，要充分认识探究过程中产生分歧甚至是错误对学生学习的意义，要给予学生尝试的机会，在此前提下才可能达成合作式学习，有效地合作交流，可以让学生分享彼此的感悟和成功的喜悦，更好地促使学生反思，更好地激发学生的创新潜能。

2. 探究创新学习是学生充分自主、高度自由的学习方式，那么，教师的作用是否可以淡化，如何处理学生探究与教师指导之间的关系呢？事实并非如此，案例中印证，教师的"导"是在学生探究过程中不可或缺的，教师在学生分歧和不合理的创设中，应该起到适时的、必要的、有效的导向与调控作用。

3. 我们应该倡导个性多元探究结果。

本节课给我的启发是：在学生探究学习的过程中，我们老师不仅要允许学生个性化的理解，还要鼓励他们多角度地思考，多元化地感悟，甚至是提出相对立的意见，使学生的个性得到充分的张扬，使学生的探索精神和创新能力得到最大限度的发展。

(北京师范大学南山附属学校 杨 毅)

篮球换手运球

【设计理念】

本次课是一节新课标实践研讨课,针对新课标促进学生健康成长的基本理念,我进行了本次课的设计。课堂教学要求重视培养学生的创新精神和实践能力,激发学生的运动兴趣,改变学生的学习方式,重视学生的主体地位。我们教师自己要学习领会课改的教育理念和指导思想,个人在理论上能理解课改。通过本堂课教学,研究如何通过篮球运动激发同学兴趣,主动学习,培养学生创新精神和实践能力。

【活动目标】

根据本班同学生理、心理特点和运动技能水平制定如下目标:

1. 认知目标:让学生学习与了解篮球换手运球的技术原理。

2. 技能目标:通过本次课的学习使同学能较好掌握换手运球的击球点,使大多数同学在一定速度中能正确运用换手运球技术。

3. 情感目标:同学们通过认真练习获得运动的愉快感。

【活动准备】

篮球 40 个、标志筒 12 个、篮球场地 1 块。

【活动过程】

一、熟悉球性

1. 教师以熟悉球性的练习将同学导入课中。在练习过程中同学每人手中一个球,教师指导同学进行单双手抛接球练习,并提示在抛接球的过程中,同学们要去感觉一下球的大小、球的重量、球的弹性,去亲近篮球,熟悉篮球。在同学能够完成动作后,开始增加难度,进行抛球击掌后接球练习和水平指拨球练习,同时用挑战性语言激励同学,使同学完成动作的积极性提高。

2. 在对球性有所熟悉之后,开始带领同学做球操,进一步提高同学对篮球的兴趣,寻找兴奋点,比如在腹背运动向下拉伸时的两拍进行集体向地面拍球,当大家整齐拍出"啪啪"的两声后立刻把同学的运动情绪调动起来,为后面的技能学习做好准备。

二、学习运球

1. 进入技能学习部分。首先,教师提问在篮球比赛中如何运球才能摆脱对手防守,鼓励同学积极思考说出自己的想法,逐渐使同学发现大部分过人运球都要采取换手技术,此时宣布本堂课的学习内容为换手运球,调动同学的学习兴趣。

2. 教师指导学生换手运球方法,重点讲解和示范换手运球时手正确按拍球的部位

和球的落点。

3. 在同学理解之后,组织同学换手运球练习,先进行原地高低姿态听信号变化运球练习和原地左右手体前换手练习。教师巡回指导及讲解示范,使学生对换手运球动作有一个切身的体会和了解。

4. 之后进行同学自选动作运球练习,教师示范几种运球方法,如胯下换手运球、背后换手运球,启发同学的想像,自由发挥。选出技术动作完成较好、有创意的学生进行示范。在学生练习时,对学生掌握的运球技术动作应及时做出评定,肯定正确动作,对错误动作采用预防和纠正错误法。还应注意因材施教,普遍的错误集体纠正,个别的错误单独纠正。

三、应用运球

教师组织学生在篮球场地内进行运球过障碍接力赛。教师讲解规则及要求,鼓励同学在过障碍时运用刚学过的换手运球技术。先由同学分成四小组,各组在小组长带领下认真练习。之后四个小组在教师带领下积极有序地参加比赛。比赛过程中同学互相加油鼓励,气氛活跃,从而激发了同学参与练习的兴趣。

四、集体放松活动

组织同学互相配合进行放松。

【活动评述】

课程改革的一个关键就是要培养学生的创新精神和实践能力,改变学生的学习方式,根据学生的身心发展规律,根据体育的特点,我设计了熟悉球性、学习运球、应用运球三个教学环节。

以熟悉球性开始将学生导入课中,学生每人一个球,教师指导同学进行练习,在熟悉球性的过程中去亲近篮球,熟悉篮球,把同学的运动情绪调动起来,为后面的技能学习做好准备。

学习运球的过程则是对学生向正确的动作方向发展的一个引导。在教师的提示下,根据自己的能力和经验做各种创造性运球练习,在运球过程中,教师及时指导学生去发现问题,如按拍球的准确部位,全身协调用力的重要性等,由学生主动探究,在锻炼身体的同时,学会发现问题,解决问题。

在自由运球的过程中把自己的创造力、想法、兴趣通过手中的球表现出来,充分发挥了学生的创造力、想像力,给学生一个自由发挥的空间,提升学生在课堂上的主体地位。

应用运球让学生们领略到了体育的快乐,在竞赛游戏中培养学生对体育的兴趣和热爱,让学生体验成功的快乐。而且在练习中通过实际应用运球技术,发展学生的体育技能。

(深圳市南山区蛇口学校 雷广宇)

排除万难去争取更大的胜利

【设计理念】

随着课程改革的深入,体育教学的多元化已经形成,体育课已经不是以前的单一教学模式了,所以我设计了这节课,以下就是这节课的一个片段。

本课以健康第一为指导思想,以素质教育为出发点,力求生动活泼、自由、愉快。在教学中采用自我尝试、自由结合的方法,通过棒球比赛等手段,充分调动学生学习的积极性,发挥学生的主体作用,展示学生个性特点,给同学们提供一个宽松、愉快的学习环境,让同学们在愉快中学习,在快乐中锻炼身体。

【活动目标】

1. 使学生体验获取新知、协作、竞赛、克服困难、团结向上、体会成功的喜悦,增加自信心,满足学生的生理需求,达到相互学习交流、取长补短、共同进步的学习目的。

2. 培养学生自信的心理品质和热爱美、表现美的情感和能力,使学生身心全面发展,为终身体育打下基础。

【活动准备】

1. 让学生基本熟识棒球比赛的基本规则,了解此游戏的规则。

2. 足球 20 个。

【活动过程】

活动一 课堂常规

带领学生模仿小火车,做蛇行线路跑动,最后围成一个圈,教师站在中央,带领学生做全身协调性的准备活动。先教师示范,学生模仿,之后叫几个学生出来比试一下。

活动二 足球踢传球练习

先把学生按两个人一组进行分组,两人相隔 10 米进行踢传球练习,要求球尽量要朝着目标传过去,不能踢高球,只能是地滚球。之后按 4 个人一组进行分组,一边两个,进行交叉传球。这个环节主要是让学生掌握踢传球的要点。

活动三 棒球游戏（踢球接传比赛）

1. 分两个组比赛，可男女混合。
2. 游戏规则：

踢传球比赛是参照棒球比赛的规则，场地是每边 25 米的正方形场地，每一个角上放一垒包，就是垒，由本垒顺序往前数，是一垒、二垒、三垒。本垒有本垒板而没有垒包。在边线以内的地区，叫做内野，超出垒外的有效区，叫外野，由本垒到一垒和三垒边线延长，所包括的区域，就是有效区。双方队员都要争取上垒，一垒一垒地推进，直到回本垒就算得分。以得分多少来分胜负。九名球员上场，打击时全为打击手，要排好顺序，这个顺序是不能更换的。换人的时候，也只能代替被换下人的原有顺序。防守时，一人担任投手，一人担任捕手，四人担任内野手，他们分别是一垒手、二垒手、三垒手和游击手，三人担任外野手，他们分别是左外野手、右外野手和中坚手。防守的球队，主要的任务是阻止攻击的球队回本垒得分。球赛开始，由防守球队的投手把球抛到本垒，要求是地滚球。攻击球队的打击手，要尽力把球踢出去，打在有效区内。捕手要接住未被打中的球。

3. 注意因素：

（1）投手用足球抛出地滚球。

（2）击球用脚踢球并跑垒。

（3）守场员不用手套，只允许用手接传球并进行触杀或封杀等。

（4）规定攻方 2 人出局即交换攻守。

4. 总结：

评选出本次游戏的最佳球员，指出在游戏过程中存在的问题，回答学生在游戏过程中的困惑。

教师在这个部分中起辅导作用，在游戏中遇到问题及时解决，帮助学生处理各种局面，并对比赛做出公正的判决，其余一切都靠学生自主，包括分组、踢球的顺序安排。

【活动评述】

本课通过棒球游戏，使学生在欢快、愉悦的情境中思索、想像、实践来完成本课目标，通过游戏充分发挥了其个性、创造性及团队的合作精神，在教师的正确引导与参与下，学生从游戏中获得了乐趣，增长了知识，同时也掌握了一定的基本技能。本游戏包括了篮球、足球的传接球动作技术，以棒球比赛规则的形式来进行，这样既照顾了爱好足球项目的同学，又兼顾了喜欢篮球项目的同学，并需要一定的田径基础来完成。这种教学模式主张尊重学生的自主性和自发性，强调给学生自主学习的空间和机会，使过去强制性的、死板的教学转变为生动、活泼的教学，从而提高了体育教学的实效性。通过集体游戏的形式来增进学生间的交流，使学生互帮互学来提高学生的自觉性，从而使学生的主体作用得到了充分发挥。

（深圳市南山区华侨城小学　罗宇锋）

篮球投篮

【设计理念】

"快乐体育"是一种体育教学思想,在形式上是以快乐地从事体育学习为目标,但本质含义是寓教于乐,对学生进行完整的人格教育、体能教育,使学生能够在学习中认识体育,接受体育,使体育成为他们生活中的一部分。"快乐体育"活动能激发学生对体育与健身的兴趣,享受体育带来的快乐,有利于培养学生竞争、合作和创新的意识,增强体质,促进身体全面发展。

【活动目标】

1. 引发学生的学习动机,激发学生的学习兴趣,让学生在快乐中提高篮球的技能技巧。

2. 注重学生的主体地位,培养学生的创新意识。

3. 发展学生个性,培养学生互相学习、团结协作的优良品质和集体主义精神。

【活动准备】

1. 利用多媒体教学,使整个教学活动都融入到优美的音乐当中,让学生在一种愉快的氛围中去主动地学习。

2. 一材多用,一材巧用,整个教学活动始终围绕篮球来设计,从而提高学生的篮球技能。

3. 准备场地、器材,每人一个篮球。

【活动过程】

活动一

课堂常规,热身运动。通过课堂常规,培养学生的组织性和纪律性,结合音乐(CBA主题曲《相信自己》)进行热身运动,主要内容是篮球的运球抢球练习,通过练习让学生熟悉球性,培养学生相互竞争的意识。

活动二

充分发挥学生的创造性思维,让学生自己创编篮球的投篮方式,然后分组进行示范及师生间的相互评价,评选出最具有创新性的投篮方式让其他学生来欣赏和学习,以此来培养学生的创新能力。

活动三

教师向学生介绍篮球的投篮技术。男生采用单手肩上投篮,女生采用双手胸前投篮,通过篮球的投篮练习,让学生更多地去认识篮球,了解篮球,掌握正确、标准的投篮方法,提高篮球的技能技巧。

活动四

体育游戏"篮球投准"有其自身的特点,它体现了体育的趣味性、普及性、竞争性、娱乐性、智能性和知识性等。采用此种形式教学,并结合运用节奏欢快的音乐,学生不会感到枯燥和厌倦,同时还可以培养同学之间团结协作的集体主义精神。

活动五

结合优美的旋律带领学生进行放松,使学生充分地放松身体和心情,更有利于今后的体育教学。

【活动评述】

1. 本次活动的教学重点是提高学生的投篮能力,应用所学知识进行创新活动。因此,教师在教学设计上,充分发挥了学生的主体作用,注重培养学生的自主锻炼和创新意识,在学习方法上,运用了自主学习方式,让学生在活动中掌握技能和拓展能力。在具体教学过程中,注重学生实际能力的培养,把教材和游戏有机结合起来,通过探究性学习和合作学习,促进学生身体素质和运动技能的提高。

2. 玩中学,学中玩,玩中创,共创佳绩。为了突破学生被动接受较具常规传统的教学模式,教师巧妙地采用游戏,用音乐贯穿全课,使学生更早地进入角色,然后,教师再根据教学效果进行适当的点缀(提示),使动与静、张与弛、快与慢有机结合。

(深圳市南山区博伦学校 张 震)

篮球的基本技术

【设计理念】

水平四运动技能的领域目标和水平目标要求学生在初中阶段,要了解所学项目的简单的技、战术知识和竞赛规则。本单元是篮球教学,通过本节课学习,在熟悉、应用技术的同时培养学生的战术意识,在教学比赛中学会与同伴配合,体验合作成功的乐趣,培养学生的积极情感。

【活动目标】

1. 让学生通过行进间传接球游戏,了解配合的重要性,体会集体精神。
2. 让学生学习、模仿老师或同学的动作,了解行进间上篮的技术原理。
3. 让学生体验学习、成功的乐趣,激发学习的热情。
4. 通过教学比赛,学习与老师、同学交往,善于发现自己和同学的优点,学会欣赏自己,提高自信心。

【活动准备】

1. 教师准备两个游戏素材让学生选择。
2. 让学生准备展现自己在篮球方面的造诣,也就是准备一套自认为可以表演的篮球"绝活",可以是个人的,也可以是两人或多人的。男生准备 3 队表演,女生至少 1 队。
3. 器材准备:篮球 25 个,篮球场两片,录音机,音乐。

【活动过程】

一、传接球游戏

师:我们前几次课学习了传接球,那么要有效传接球最重要的是什么呢? 如果你还不够清楚,那我们来做一个游戏吧。(放音乐,增加游戏气氛。)

提供两个游戏:三角传接球比赛和半场长传接球上篮接力,由学生自己选择。

学生做游戏的积极性很高,但在游戏中,一旦有学生出现失误时,学生们立即对该学生表现出责怪、不信任。教师应在适当的时候进行调节。

师:当一个集体在共同完成一件事的时候,任何人都可能会出现失误。那么要怎么去减少失误呢?(学生回答:配合。)对,要人与人的配合,要团队精神,而不是孤立别人、不信任别人。

二、上篮技术展示与学习

师:你们都知道NBA,认识迈克尔·乔丹吧。我想有很多的同学一定模仿了很多高超的技术,今天给你们一个表演的机会,希望你们可以把自己最满意的一手展示出来,谁愿意带头大胆地向大家展示?(配乐。)

教师扮记者现场采访:你好,你叫什么名字,能跟大家介绍你(们)为什么能做得这么好吗?你是怎么学会的?(一方面调整气氛,另一方面从学生的回答中可以得到启发,用以鼓励其他的学生。)

学生喜欢教师说话有幽默感,这样课堂气氛会融洽一些,有利于教学的组织与配合。

师:看到大家的精彩表演,尽管我的篮球技术不是很出色,但我还是忍不住想露一手,希望大家多多捧场。(师示范较简单,直接做行进间上篮动作,并且邀请学生共同完成。)

师:你们觉得老师做得好吗?你们可以根据自己的篮球基础,自由分组。可以跟我学,也可以跟刚才任何一个展示小组的同学学习。

学生分组练习,每一个组指定一两个优秀学生指导。教师巡视,记录学习情况。

师:刚才同学们展示了那么多的本领,都是从平时的观察、模仿和练习中获得,我希望每个人都喜欢一种体育项目,这样会很有乐趣。

三、教学比赛

师:你们能借助于电视、媒体学会那么多的"绝活",那大家懂得基本的篮球规则吧?下面我们就分组进行篮球比赛吧。

看到女生不能组织起来参与比赛,教师简化规则并亲身参与到比赛当中。

师:你们为什么不能组织起来比赛呢?

生:因为厉害的人不想和我们这些水平较差的人一起打球,我们也觉得打不过他们,就没必要在一起玩,没意思。

师(了解学生的想法后):既然大家觉得水平悬殊,大多数人又觉得执行正式的规则有困难,那么我们来改变一下规则,让大家可以共同执行。

学生都表示赞同。

师:不如我们不要运球,限制那些"厉害"的同学的优势,主要用传接球配合,但不能违反其他的规则要求,比如走步等。试试看,希望大家动脑筋,把比赛进行起来。现在没有参加比赛的同学,可以观赏其他同学的比赛(提议:是否可以组织拉拉队在短时间内想一些动作编成拉拉操,提高气氛),帮你希望赢的队加油,你也可以在那些会"绝活"的同学中,选一个你崇拜的对象来支持。

在教学比赛中,观察效果,及时调整方法。教学比赛完毕后问学生的感受,并对学生的表现予以肯定和鼓励。

【活动评述】

课堂上,通过设计"露一手"学习成果展示活动,创设情境,让学生个性才艺展示。通过展示自己的本领,让学生们在不经意间参与到学习中。在展示过程中,教师解说采访,调整气氛,突出学习的乐趣,引发学生跃跃欲试的情绪,并使这种积极向上的气氛一直延续到教学比赛中。在教学比赛中通过简化规则,调动了学生的积极性,特别是女生,在教学比赛中让她们感受到了比赛的乐趣,同时也让她们发现了自己是有能力做好每一件事的,只要自己全身心投入。课后,很多学生表示很快乐。

课堂是个动态的过程,它不是一成不变的,对突发事件应当有提前的预计,比如女生的问题。课堂上,教师要注意引导和评价,促进师生互动和交流合作,注意活动的衔接和学习内容的拓展。

(深圳市南山区松坪学校　杨　颖)

快乐享受 锻炼身体

【设计理念】

在学校体育课教学中,足球活动是学生们尤其是男孩子喜欢的体育活动内容。但要想通过一节体育课就真正了解足球运动的魅力所在和掌握足球的基本技术是不可能的,因为足球技术很多,它包括个人技术,进攻技术,防守技术,球性技术、传球技术、接球技术、踢球射门技术等,而这些技术主要是通过脚来控制球,对于初学的小学生来讲是有非常大的难度的。尽管如此,学生对足球活动还是非常感兴趣。

本节课就以足球活动为基本教材,学生通过亲自体验足球操、球性、带球、射门传球等各种足球练习而真正获得快乐,得到身体上的锻炼,让学生在"玩"中学和在学中"玩"。学生自主分组和自由选择练习内容,教师监督指导的互动教学模式,使学生的个性得到充分的发挥,以学生为主体,创造和谐、平等、自主的教学氛围。

【活动目标】

1. 体验足球的基本技术:球性、带球、射门技术。
2. 提高学生的灵敏、协调和奔跑能力等身体素质。
3. 培养竞争意识,增强团队的凝聚力。

【活动准备】

1. 在足球场的中心用48个足球和48个足球标志盘摆放成一个大圆圈,制造足球课的新颖氛围。
2. 准备一块大白板,写出课的题目,使学生明确这节课的目标和目的。

【活动过程】

1. 语言导入:教师首先提出"什么是足球技术",了解学生对足球技术的知识,找出一两个学生进行演示,通过学生演示,了解学生对足球技术的理解和水平,而后教师通过专业的技能展示,让学生对足球有直接的正确感受,使学生感受到足球技术的魅力,从而激发学生的学习兴趣。

将学生带入已摆好的足球圆圈,在节奏感较强的音乐伴奏中带领学生进行热身球操,使学生身体各部位得到充分活动,达到热身目的,并通过音乐陶冶学生的情操。

2. 快乐享受,体验足球。

以足球的带球、射门和传接球技术为基本练习教材,学生自主分组和自由选择练习内容,教师监督指导的互动教学模式,真正使学生在体验足球活动中感到快乐和享受。

(1)球性练习。

学生每人一球，各人自由地在足球场进行足球活动，要求不能用手触球，而是用身体和脚感受球，掌握球性。

(2) 学习体验足球运动的带球、传接球、射门技术。

教师为了调动学生的情绪，由学生自由组成六人一组的友情小组8个，并每组推荐出一名组长，由组长组织，进行足球的带球、射门和传接球选项换项练习，充分发挥骨干作用。通过各种足球技术选项换项练习，使学生在不受限制的学习环境中体验足球运动的乐趣，并发挥学生的想像力和创造力。在活动中，通过小组的自主学习，培养学生的合作学习和创造性学习的习惯。在教学过程中，教师随时监督和指导学生的活动，认真观察学生的学习效果和学习情绪，当学生用错误的动作和方法进行练习时，以正确合理的动作和练习方法指导学生，启发学生接受正确的、合理的动作和方法。活动中要特别注意协调能力差、接受能力慢的学生，尤其是女同学，多关注他们，多用积极激励的语言，消除他们的心理障碍，让他们在平等和谐的教学氛围中进行活动，始终保持高昂的学习热情和兴趣；鼓励他们只要做，一定会很棒。

以下几种活动方案供参考：

a. 迎面带球或传接球练习　　　　　b. 绕杆曲线带球

c. 带球射门　　　　　　　　　　　d. 抢截传接球

【活动评述】

"快乐——锻炼——享受——健康"是新体育课程教学的基本理念和目标，它是使学生在快乐的环境中锻炼，通过实践体验；从不能做到，到能够做到；从不具备技能技巧到掌握一些技能技巧；从不知道到明白。学生在不断提高、进步、成功的过程中，在情感上享受到了快乐和愉悦，在身体上获得了健康。体育教师在这过程中是设计者、督导者、分享者。

(深圳市南山区实验学校　王雪芳)

合作学习 拓展思维 共同进步

【设计理念】

"球的练习"是在体育教学中,针对水平二的学生的身心特点而设计的一项教学内容,它是通过球来完成的形体练习活动。这里设计的是在球的练习过程中,学生们合作探究的学习活动过程。

从活动形式上,我们可以打破传统教学方式,通过多种方法来学习,如激发潜能、生生互学、师生互动等;从教学评价上,我们也可以打破传统的评价方式,不只针对技术动作掌握的程度,而是扩大评价体系,从多种角度进行评价,把重点放在培养学生兴趣方面,放在面向全体、全员参与方面。

本次课的活动设计就是要学生通过合作探究的学习方式来拓展思维,相互学习,相互启发,共同进步。

【活动目标】

教师通过启发与引导,以合作探究的学习方式,来激发学生的兴趣,拓展他们的思维,使他们自己创编出更多的练习内容,从而使他们想动、爱动,感受到自己是真正的主人;在动的过程中,提高身体的协调性、灵活性以及表现力;发展他们的观察能力、模仿能力,拓宽孩子们的视野;让他们在掌握学习内容的同时,提高自身多方面的能力,使身心得到发展。

【活动准备】

课前准备好若干"小篮球"。五颜六色的"小篮球"比艺术体操的"球"更能吸引学生的注意力。用硬纸板做四个"你真棒"的大手指,分为"最佳创作组"、"最佳展示组"、"最佳合作组"、"最佳配乐组"及小红花若干,用于学生评价时使用。准备录音机一台及磁带一盒。

【活动过程】

一、自我感受,初步体会

动作的素材是动作创新的前提条件,学生头脑中积累大量单个动作的形象素材并能够再现,是他们进一步创新的基础。在教师的启发与引导下,由简单的单个动作开始并逐步深入是必不可少的环节。

师:我们以前学过很多的动作了,能把他们一一做出来吗?

生:能。(开始自己做着自己记住的不同动作。)

师:看看哪些同学聪明,能把这些动作和你们手上的球融为一体。

学生试着把球加到动作当中。

师：感觉怎样？能做好吗？

生：我这个动作可以吗？

……

学生们积极地响应着。

这一环节的设计意图是使学生把以前的动作记忆尽量调动出来，并且自己体会加入新内容的方法，在添加的过程中会遇到不同的问题，使后面的观察与模仿更加有目的性，并且为分组创编做好思想与动作素材的准备。

二、认真观察，积极模仿，激发创作欲望

本节课的第二部分是老师带领全体同学一起做一套球操小组合，一是为了提高学生的观察模仿能力及身体的灵活、协调能力，二是为了给学生在创编时做个方法的指引，三是增加学生的动作素材，同时激发学生的灵感，以利于学生的自我发挥。

师：下面跟老师一起，听着音乐，做一套球操的小组合，好不好？

生：好！（都非常认真地观察，积极地模仿，同时也沉浸在美妙的乐曲当中。）

这一环节，就是让学生通过师生互动体会球操的"美"，激发他们的学习热情以及创作欲望。

师：这套操好看吗？

生：很好看！

师：要不要自己创编一套更好看的组合？

生：要！

师：能行吗？

生：一定能！

这时同学们的学习兴趣与创作热情已经完全被激发起来。这更加利于在分组进行创编过程中学生的个性及创造能力的发挥，这也是我们的活动目标之一。

三、分组合作，探究学习

对于水平二的学生来讲，让他们分组进行合作学习，通过探究来完成任务，是行得通的。因为在此前的学习中，他们已经进行了大量的动作储备，现在其实需要的是对那些动作进行再加工与重新组合，而每个学生记忆中的动作是不尽相同的，在这种情况下，进行合作学习，取长补短，是成功教学的最佳方式。

全体学生按常规分成四个大组，他们开动脑筋，努力实践，团结协作，共同探究，这些情况从以下的对话片断中可以得知：

第一组：

师：你们组怎样了？有什么好创意吗？

生（兴奋地）：我们用手拿球，抱在胸前，再像这样踢腿。（边说边做着动作。）

师：不错！

生（骄傲地）：你们看我这个动作怎样？左移步、右移步，我上兴趣班学的。加上用手举球。

师：你们自己商量一下。

生（总结性地）：这样吧，我们每个人至少想一个动作，然后把它们连起来。

众生（蹦蹦跳跳地）：好呀，好呀！

师：思路不错，继续加油！

生（犹豫地）：要是配音乐时不合适怎么办？

众生（异口同声）：再修改呗。

这样，大家你一言我一语地进行着……

第二组：

生1（神秘地向大家招手，把大家聚到一起）：咱们编完动作后加个造型好不好？

众　生（拍手）：好、好、好。

生2（好像很有经验）：我们多编几个八拍，动作复杂些。

生3（美滋滋地）：你们看这个动作怎么样？

生4：不好看，手我觉得向斜上方好看些。

生5（赞同）：我也觉得是。

生1（对着生6）：快想呀。

生6（羞愧地）：我想不出来。

生3（懂事地）：没关系，你跟着我们做，别傻站着呀。

很快这组的同学创编的组合有了模样。

第三组：

这是一组男同学，在一般情况下，他们可是有些让人担心的，第一担心他们认为球操是女孩的东西，不愿意合作，第二担心他们想不出动作来。所以，在创编过程中，教师应更加留意他们的动向：

师：怎么样？有头绪吗？

生甲：老师，我们不会编。

师：刚才练习单个动作时，还请你做示范呢，说明你的动作很好看，你们可以试着把那些动作连起来呀！

生乙：对呀，我们把滚球加进去吧。（边说边做双手滚球的动作。）

他们也上路了。

第四组的同学是最让人刮目相看的一组，也不知道他们怎么商量出来的，同样的时间，他们居然可以不停地变换，一会儿是围圆做，一会又变成横排做，一会结束动作加个侧手翻，可是，最后展示时又变成三人造型了。和第三组比，他们真是灵活多了。

师：你们是怎么创编的呢？真不错！

生甲：我们一起想的呀。

生乙：老师，我们表现怎么样？

他们兴奋地表白着自己的功劳。

整个创编过程，实际上就是一个学习与练习的过程，同学们在实践当中已经不自觉地进行了身体的练习、头脑的练习，同时也增进了同学之间的相互了解及与人合作的意识，在感染别人和学习别人的过程中，提高了能力，拓展了思维空间。

四、分组展示，互相学习，共同提高

在每个组都创编完毕的基础上进行展示，是对学生劳动的一种鼓励与肯定，同时也是一个继续增长见闻的好机会。

  展示是检验学生合作学习效果的一个平台,也是使学生之间相互学习的一个平台。及时的展示,正确的多角度的鼓励性评价是激发学生继续努力的保障。在学习之后,让学生得到一种被肯定的感觉,是促使他们不断进步的法宝。所以说,展示是必不可少的一个活动环节。

【活动评述】

  这是一个较为典型的合作、探究学习的课例,整个过程设计得循序渐进,条理分明,打破了以往形体教学的模式,在教师引导与启发下,学生通过团结协作、共同研究这种合作学习方式进行学习。由于学生的主动参与,学生的能力得到极大发展,整个学习过程充满了乐趣,枯燥的内容变得生动有趣,学生们在不知不觉中获得了形体美的熏陶与训练。由于学生的主动参与,展示的又是自己的作品,所以他们的表现欲更加强烈,动作更加完善,姿态更加优美,既保持了学生的学习兴趣,又较高程度地达到教学目标。它的成功之处是抓住了学生的"心",让他们更加投入,让他们感到自己是主人。

(深圳市南山区实验学校　宋佳玲)

快乐在课堂中的每一个角落里

【设计理念】

网球运动一直以前被认为是一项贵族运动,在中国也是一项新兴不久的体育运动。为了更好地普及和开展网球运动,使学生更早地接触此项运动,学校开设了"快乐网球"教学课,使更多的孩子有兴趣投入到课堂当中来。

在快乐网球教学实践中,从改造教材、激发兴趣、不断创新三个方面入手,实施有效的教学,教学效果有了明显的进步。为提高学生的正手击球准确性,在场地中放置了不同的标志物,大小各不相同,有圆桶、纸箱等,分别摆放在网前、底线等。在练习中,学生们要尽量将球击入不同的标志物中,相应会得到不同的分值。这开动了很多学生的脑筋,根据不同的位置他们采取正手平击球——也有用正手上旋球的,这样打出的球会有一定的高度,使球下落时更稳定地命中目标。这样的练习提高了学生击球的准确性,同时也活跃了课堂氛围,使学生们的兴趣更加浓厚,教学效果更佳。

【活动目标】

1. 激发学生对体育课的热情和学习网球的兴趣。
2. 培养学生的竞争意识、团结协作精神和集体荣誉感。
3. 提高学生身体素质、灵敏判断力,发展身体协调性。

【活动准备】

本节课采用的这种富有创意的教学方法和教学手段,使原本单调、枯燥的教学内容充满了趣味性和娱乐性,这样就要做好充分的准备。

1. 在整个教学活动的内容上,用形象化的教学可以使学生很快进入状态,使学生集中精力参与活动,教师要安排好适当的运动量。
2. 严谨的科学性、严密的目的性和严格的组织性,能更好地保证教学的质量,因此教师要做好合理的安排和考虑。
3. 安排了一些竞赛的内容,增加竞争意识,这样有助于培养学生团结协作的集体观念。
4. 配上节奏明显的音乐,将相关的内容导入课堂。

【活动过程】

一、激发兴趣,不断创新

在学习网球正手击球初期,我一改过去由老师先讲解示范,再由学生模仿练习的老模式,而是采用先让学生尝试体会,再由老师讲解,然后再请学生大胆创新的方式来激

发学生学习的兴趣,以增强学生的创新意识,使教学收到良好的效果。

二、提高技术,得分取胜

课堂上,为了能够提高学生正手击球的稳定性和准确性,加强他们对动作的定型,我在场地中放置了几个小箱子和空水桶,分别放到发球区域和底线。具体的练习方法是同学在 A 半场用正手击球动作将球打到 B 半场的标志物内,打到空水桶得 20 分,打到小箱子得 10 分。同学们听到我的讲解之后兴奋极了,都有信心夺得高分,课堂氛围很融洽。

三、收割果实,接力比赛

为了提高同学们的身体素质,加强他们的快速奔跑能力,看着地下散落的网球,我准备了小接力赛。具体做法是:让同学们将地上散落的网球比做"果实",每人手中拿四粒,平均分成四组,将我们的小箱子和空桶放到指定位置,听到老师下达"开始"命令后,每组第一人快速奔跑将"果实"放到小箱子和空桶内,然后迅速跑回,第二名同学出发,依次进行。比赛中,同学们全力奔跑,你追我赶,竞争激烈,沉浸在欢乐的气氛之中。这个比赛既锻炼了学生们的身体,提高了他们上体育课的兴趣,同时又能够让学生将器材回收到指定位置。

四、荡漾在快乐的海洋里

都市的生活使孩子们与大自然接触的机会少之又少,造成学生学习压力大,身体锻炼更是缺乏,给孩子们的健康造成了严重的威胁。新的课程标准要求我们关注学生的心理健康问题。以往的体育课放松习惯性地由老师带领学生进行,但是今天我给出了一个情境:我们现在的位置是在海洋里,我是他们中的一分子,请出同学带领我们在海洋中自由遨游;我们可以是海洋里的小鱼,也可以是我们自己,在大海里做不同的游泳姿势,如蛙泳、仰泳、自由泳。孩子们在不停地做着各式各样的动作,脸上的表情也随着自己动作变化着,千姿百态,各显其能。有的孩子三五结伴地变成了海洋中的小海星等,他们的思维是那么开阔,想像力是那么丰富。欢乐的笑声荡漾在快乐的海洋里。

【活动评述】

本课能够体现体育与健康课程标准的精神,在"健康第一"的指导思想下,发挥学生的主观能动性,培养学生自主学习的能力,启发学生的创新思维。让学生始终以高度积极的状态参与到活动中,激发了学生对练习的热情,又唤起了学生的情感,更达到了提高身体素质的目的,掌握了正手击球动作,增强了同学们的竞争意识和团结合作的精神,较为圆满地达成了本次课的教学目的。

(深圳市南山区外语学校　陈　浩)

篮球传接球

【设计理念】

本次课是初一年级水平四的课——篮球的传接球练习。

这堂课以"健康第一"为指导思想,在学生积极、主动的参与下,体现成功体育和快乐体育的思想。以发展学生身心健康为中心,重视学生的主体地位,充分调动学生的积极性,培养学生自学、自练能力,让每个学生在学习中体验成功与快乐。

另外,在课的内容设计上和教学方法上都有了改变,课改主要是理念的转变,转变为以人为本、自主学习;教师与学生角色的互换,教学方式的转变以及技能教学方式的转变,语言的转变,都体现在这堂课上。

在教学形式上我也利用了几种教学方法,如主题教学、形象教学、情景教学,还特别注意了时代感,把舞蹈、游戏和一些新鲜的东西融入教学中,大大提高学生对体育课的学习兴趣。

【活动目标】

1. 坚持"健康第一"的指导思想,促进学生健康成长,促进学生身体、心理和社会适应能力及整体健康水平的提高。

2. 激发运动兴趣,培养学生终身体育的意识。

3. 以学生发展为中心,重视学生的主体地位。

4. 关注个体差异,确保每个学生受益。

【活动准备】

1. 在教学活动中,用形式多样、难易不等的练习方法,调动学生的学习兴趣,使学生都能体验成功的快乐。

2. 在器材的运用中做到一材多用,一材巧用。以篮球贯穿整节课,通过各项练习和活动来提高篮球的基本技术以及培养学生的集体主义精神。

3. 将场地进行规划,准备篮球若干。

【活动过程】

活动一:师生问好,并进行热身。在这项活动中我摆脱了单一的跑步形式,而是结合音乐进行热身,给学生创造一个轻松活泼的运动环境,让他们感受运动的乐趣,锻炼身体的协调性。

活动二:以学生为主的学习方式来启发学生研究篮球、了解篮球、接触篮球。通过他们自主的学习,相互的探究,来引出学习内容并完成它。我给予归纳和总结,对错误

的动作加以纠正和评价,这样既提高学生的学习兴趣,也带动课堂的学习气氛,让原来很乏味的篮球课变得生动了很多。

活动三:在学习的基础上鼓励大家创新,寻找新的方法来传接球。让学生开动脑筋,用想到的任何姿势把球传到对方手中。在这个过程中,学生的创新意识得到发展,在他们积极的思考想像中获取新的知识,增强了他们的自信心。接着我再讲述正确的传球技术,让学生掌握巩固技术。

活动四:用"蚂蚁搬家"的篮球游戏体现体育的趣味性,这个游戏既简单又充满活力,既团结又富于挑战性,还把学习的内容贯穿其中,起到了巩固知识的作用,也让学生领悟到了体育中的团结、协作的精神,培养他们相互交往的能力和克服困难的意志品质。再通过我的讲评使学生得到更大的收获,增强他们对体育课的兴趣。

【活动评述】

从整个教学活动中可以看出学生们是在和谐、平等、友爱、互助的气氛中进行学习的,在学习中他们感受到了愉悦的心情,这也正是新课标的体现。无论是课的内容设计或学习方法上,还是运用的教学手段上都发生了很大的变化,既体现新课标的要求,又富有创意。同时也改变了过去的体育教材以运动技术为授课核心的做法,突出"健康第一"的指导思想,以学生为主体,以学生的身心发展为中心,探究、自主、合作和创新的学习方法都充分体现在这堂课中。

(深圳市南山区外语学校 丁 武)

了解体育运动项目　营造合作学习气氛

【设计理念】

小学水平（一）年龄段的学生好动、爱玩，但是在玩的身体活动过程中，他们的平衡、力量、动作的协调、自控能力还非常弱。小学是体育技能的铺垫阶段，教师的教学旨在引导学生理解、认识身体及促进身体发展的各种手段，培养学生具备参与多种运动形式的能力和乐于参与运动的习惯。球类运动是对身体各方面能力要求比较高的运动项目，且基础的掌握需要长期连贯的训练，面对6—7岁的学生教学时需要创设多种有趣的游戏来增强单一技能动作的多种练习。引导学生在玩中学会创造性地去寻找多种运动方式，体味运动的无穷乐趣。本次课的设计就是把篮球运动、保龄球运动以直观形象的动作介绍给学生，并把这两个运动项目结合起来组成一组游戏，使学生认识不同类型的运动项目，在玩中体会与获得球类运动的技能。

【活动目标】

让学生发展身体的协调性、灵活性，学习与逐渐掌握球类运动的动作技能，感受体育的乐趣，培养学生创造性地进行体育锻炼，养成锻炼身体的好习惯。

【活动过程】

一、基本队列练习

培养学生做体育委员指挥全班队列，以队形变换为主要队列练习，两路纵队变为四路纵队的队形变换。要求体育委员的口令洪亮、清晰，队员的动作整齐一致。

二、自编儿童健美操练习

此操作为校本课间操的开发雏形在课堂教学中学习与练习，旨在发展学生的身体协调性，培养学生的音乐节奏感，学习身体的动作与音乐节奏的配合。此套儿童健美操以儿童的生活动作及球类动作、跳绳动作为主，以健美操的形式，配以动感强烈的音乐进行。整套操动与劲结合，提起学生的精神，起到体育课的准备活动作用。

三、拍皮球

原地拍皮球。两个人一组一个皮球，轮流交换拍皮球计数，每人拍球25次交换拍球，在练习中教师注意观察调整学习小组，尽可能做到强弱搭配，拍球感觉好的学生做小老师，用自己的语言和动作教另一个学生学习，教师引导做"学生"的孩子模仿同伴的动作，在交流中进行练习。此项练习以教师为中心，围成一个圆形队形，便于教师的观察指导。在学习中教师有意给学生营造一种互动学习的气氛，让学生通过自己的观察去学习同伴的动作，通过用语言表达传授出自己的运动感受。

四、玩皮球

练习方法：分成若干组，大约4人或5人一个学习小组一个球，每组前方放置呼啦圈，呼啦圈前方放置标志物，每组排成一路纵队，拍球跑到呼啦圈前，双手抱球一只脚站到呼啦圈中，另一只脚在呼啦圈外，弓箭步姿势单手将球以地滚球掷向标志物，然后跑步把球捡回，拿到球后教师提醒学生拍球返回，把球送给本组的下一个同伴，轮流循环进行练习。击中标志物得分（类似打保龄球），小组进行比赛，比比看谁得分多。

练习意图：在练习中有的学生看到过打保龄球，有的学生打过保龄球，而有的学生没有看到过打保龄球的运动。这时在小组中曾经打过保龄球的学生会自觉承担起介绍打保龄球的动作的任务，教师要指导学生去教同伴和指导学生去模仿同伴的动作，形成一种学生互相学习的气氛。

五、跳跳舞

每组推出一个拍球能手做动作的展示，教师点评学生动作的优点。每组评选一个击中目标的能手做动作的展示，并让这个能手说出击中目标的运动感受。

【活动评述】

本次课通过多种形式的练习使学生产生运动的经验，帮助学生认识事物，增加他们的记忆和加深印象。在教学中让学生置身于互相学习的情景中，教师给学生有意营造互相学习的气氛，这样可以激发学生主动求知的欲望。能够激起学生的求知欲，胜过教师的传授。

（深圳市南山区月亮湾小学　张丽娜）

我也能当明星

【设计理念】

篮球运动的不断发展,特别是NBA带来的巨大影响,以及现在非常流行的街头篮球,其夸张花哨的动作,火暴的扣篮,都给人一种震撼的视觉冲击,对体育运动起到了巨大的促进作用,而其中明星所带来的影响是最为重要的。中学生中很多同学有着极强的明星情结,所以我们应该抓住学生的这种心理,让他们去感受自己做明星的感觉。

本节课主要用一些个人表演和分组练习的方式,将街头篮球中的一对一糅合进来,富有一定的挑战性,最后让学生体会通过努力获得成功的感觉。老师也参加到其中,和学生一起活动,起到带着大家玩,和大家一起学的效果。

【活动目标】

在教学过程中,利用课堂营造一种相互竞争的气氛,就像是在街头挑战对手一样,最后看谁能成为最强的,谁的动作最漂亮,谁收到的掌声和欢呼声最多,谁就成为本次课的明星。利用这种气氛,刺激大家的兴趣,让大部分同学能够有尝试的想法。在练习过程中,也利用技术比较娴熟的学生,以及老师本身的一些技术,带动大家的学习。

【活动准备】

1. 让学生从网上了解一些街头篮球的文化和背景。

2. 准备篮球20个。

【活动过程】

活动一:大家互相问好,相互交谈对街球的一些了解情况,尤其是对街球的形式以及精彩部分进行讨论,调动大家的兴趣。

运用一些比较激昂的黑人音乐做一段篮球操,这种方法效果极佳,很容易使学生在短时间内热情高涨。

活动二:分组活动,老师可以将本班几个技术比较好的同学分开,这样可以用少部分人带动大部分人。

活动三:一对一打擂,各组选出比较好的同学进行打擂,这种形式在美国的街头篮球中是最常见的,在我们同学之中也慢慢流行起来。

通过打擂,让学生在比赛中体会篮球的魅力,这样也会带动其他同学相互学习。

最后大家选出本节课的明星,并给予热烈的掌声鼓励,然后老师也参与到其中去和学生过招。

【活动评述】

　　培养和激发学生的兴趣,是现在体育教学中比较难的一点,也是能否让学生养成运动习惯的前提。现在社会体育受到西方一些体育项目的影响,尤其是 NBA 现在的影响越来越大,对很多青少年学生产生了巨大的影响,"明星效应"也在心中根深蒂固。我们就是要利用这种社会效应,来促进学生的学习,让学生有兴趣去学,去模仿,慢慢养成习惯,从而养成终身锻炼的习惯。在模仿的过程中学生就会不停地要求提高自己的技术,这也是学习技术的最好时机,可能学得不多,或者学得很粗糙,但却是最有效的。初中阶段,也就是帮助学生养成习惯的阶段。

(深圳市南山区南山实验学校　程　磊)

综合身体活动

会跳舞的小男孩

【设计理念】

在开设形体课时,男生在学习中积极性不高,学习舞蹈动作掌握较差,个别同学在课堂上说话打闹直接影响了教学活动的进行,如何提高男生的运动参与成了形体教学活动一个不小的难题。

小学低年级儿童的意志力薄弱,不感兴趣的东西很难用理智去克服情感。特别是低年级男生身体协调性差,在学习舞蹈动作时动作很容易走样;动作不优美害怕别人笑话,所以做动作放不开,动作质量下降,直接影响了男生的学习积极性和学习兴趣。针对以上状况,在组织教材和教学方法上有意识将学生兴趣放在首位,将形体课上成女生喜欢、男生也爱的课程。

【活动目标】

1. 通过提高男生的运动参与性,提高形体课教学效果。
2. 通过蒙古舞"牧童之歌"的学习,使学生了解粗犷豪迈的民族风格。
3. 通过游戏舞"猜拳游戏舞"的学习,培养学生团结协作的精神。

【活动准备】

1. 通过老师优美的示范表演使学生明白男生同样能够学好舞蹈。
2. 选择男生较为感兴趣的教材作为本次的课主要学习内容。
3. 准备电脑、投影、音响设备一套、vcd 光盘、cd 光盘、磁带等。

【活动过程】

活动一　基本舞蹈形体训练

1. 师生问好后,导入本次课的教学内容。
2. 同学们随着音乐节奏跟随教师一起进行手型、手位、肩、上肢、下肢、全身的舞蹈基本功练习。

活动二　蒙古舞"牧童之歌"(导入主题)

1. 老师:"同学们你们到过美丽的大草原吗?你想体会一下骑着马在大草原上奔

驰的感受吗？请跟随我到美丽的大草原去看一看吧!"用电视放出美丽草原的景色,老师在优美乐曲"牧童之歌"的伴奏下示范蒙古舞"牧童之歌"。"红太阳从天边慢慢地爬上,风吹绿草草儿把头摇,骑上骏马扬起鞭,赶着牛儿下河塘,唱上一首歌呀,心花开放……"将学生带入辽阔大草原的意境中去。教师优美的示范,激发了学生学会动作的强烈愿望,同时使男生明白男同学同样能够学好舞蹈。

2. 通过一段时间的学习,学生动作掌握情况有了一定的提高,老师通过加强对男生的辅导和点评使男生增加学习信心,从而提高了男生对形体课的学习兴趣。

活动三

引入学生比较感兴趣的游戏教材(游戏舞"猜拳游戏舞")

1. 为了改变过去将形体课上成了舞蹈课,使男生产生厌烦情绪,学习积极性不高的情况,我将体育课中韵律活动内的游戏舞引入到形体课来,使学生产生我想学、我要学的心理欲望,从而形成良好的学习环境和氛围。

2. 老师先教授单个动作,再伴随着音乐带领学生练习,接着再分小组进行练习,最后全班同学围成两个圆圈,指定十名左右的领头人,在音乐的伴奏下进行游戏舞的练习。学生练习积极性非常高,我所任班级的形体课变成了女生喜欢男生也爱的课程,不仅女生舞姿靓,而且男生跳舞也很美。

【活动评述】

在小学形体课上如何提高男孩子们的运动参与性和学习的兴趣,是一个很大的难题。小学男生的心理、生理特点使他们对球类等竞技性比较强的项目比较感兴趣,而对舞蹈教材学习积极性不高。通过组织良好的教学形式和合理搭配教材,改变形体课传统教学模式;另外,通过男教师的自身示范,来增强学生学习的自信心,使学生产生我想学、我要学的心理欲望,从而形成良好的学习环境和氛围,提高了男孩子们的运动参与性和学习兴趣。

(深圳市南山区育才三小　肖　毅)

手牵手,播撒爱的种子

【设计理念】

2003年10月,香港九龙小学的学生一行50人来我校进行体育文化交流。为加强港深两地学生的了解,播撒下爱的种子,我决定在两地各挑选出20人组成一个教学班级,进行教学交流。下面就是这次教学活动中的一个片断。

【活动目标】

1. 让学生学会和陌生人认识,了解与陌生人交往的礼仪。
2. 让学生体验和陌生人交往的情绪变化。
3. 让学生感受在情景中和同伴交往的技巧。

【活动准备】

1. 了解香港、深圳学生对对方的态度。告诉深圳学生,我们是主人,对客人的一个基本态度应该是主动、热情、大方、不卑不亢,以减轻香港学生人生地不熟所带来的心理压力。
2. 和香港师生进行简短交谈,让他们熟悉教师的教学风格,了解语言对话条件。
3. 准备篮球10个。

【活动过程】

活动一

让我们从问好开始:"您好"、"欢迎您"、"很高兴见到您"。

1. 上课开始,教师面向全体学生极富感情地亲切问候:"同学们好!"学生回答:"老师您好。"

教师关注胆小、羞怯的学生,并主动走到他(她)的跟前再次向他(她)问好,逐步提高声音,直到学生能亲切、大声向教师问好。

2. 让学生找自己最好的伙伴相互问好,要求亲切、大方、仪态端庄。相互观察、评价对方笑容是否亲切,语言是否甜美。

3. 在教师带领下,深圳学生主动走到香港学生跟前亲切问好。

4. 香港学生走到深圳学生面前问好,并自我介绍。

活动二

手牵手,心连心,让世界充满爱。

1. 异性学生之间握手,相互问好。
2. 港深学生相互交错、性别交错站成一路纵队在老师带领下跑步前进,与迎面跑来的学生击掌问候。

活动三　篮球游戏

1. 游戏"我为香港运瓜果"。

游戏方法略。

2. 游戏"港粤一家亲"。

游戏方法略。

【活动评述】

　　社会适应能力的培养是新课程中的难点,社会是个体的组合,离开群体活动和交往能力的培养往往收不到效果。根据建构主义情景认知理论,给学生创设一个情景、一个交往的机会,让学生在情景中建构知识、培养能力,符合学生的认知特点,效果显著。在认知活动过程中伴随着学生心理变化的逐渐调试,对教学效果起到至关重要的作用。在交往过程中学生需要克服巨大的心理障碍,减轻学生的心理负担要从易到难(师生—伙伴—异性伙伴—异地同性—异地异性— 动态交往),使学生的交往、适应能力在不知不觉的自然的状态中得到发展。

(中央教育科学研究所南山附属学校　宋文钦)

齐努力共同创造好成绩

【设计理念】

　　学生的认知水平和学习的兴趣需要有效的刺激以及能够使他们接受的理由来促动,从而达到调动学习积极性的目的,形成正确的动机,促进和发挥学生主体性学习的能力。体育团队对成员心理发展具有积极的促进作用,个体在团队中互相影响,将社会助长作用发挥到极致。利用初中学生自尊心强和喜欢自我表现的心理特征,以运动竞赛的形式开展体育教学。教师为学生创造条件,提供有效指导,营造一种平等竞争的环境和舞台。通过学生自己的交流、组织、协调,共同达成目标,创造集体的优异成绩,共同分享一同努力的快乐。

【活动目标】

　　1. 让学生学会和同伴交流协调,创造集体氛围,促进团队精神的形成。
　　2. 让学生体验共同克服困难、解决问题的过程,激发学习的兴趣。
　　3. 通过活动促进学生身心健康发展。

【活动准备】

　　1. 利用1—2周左右的时间,通过课堂活动,深入了解学生的大致情况,为合理分组做好准备。
　　2. 结合学生的实际情况,设计活动项目和规则(以能够充分调动全部学生为准则)。
　　3. 让学生充分了解活动的过程和总的游戏规则。

【活动过程】

内容一：分组建队

　　1. 根据了解到的情况对学生进行混合分组,组建成三个参赛队,每队15人左右。
　　2. 要求各队学生共同讨论,为自己的参赛队拟定一个队名,民主选举产生男女各一名同学担任正副队长,率领和协调本队队员进行训练以及参加最终的竞赛。
　　同学们经过讨论选出了队长,并为自己的团队拟定了队名：齐心队、灵活队、创新队、醒目队、自由队、活力队等。

内容二：广播操比赛

　　1. 集体赛：全体队员必须参加,队形秩序自己编排；以集体队列动作整齐、节奏合拍、创新程度来评分。
　　2. 由其他队成员和教师共同为比赛队打分,充分体现公平公正的精神。

3. 个人赛：根据名单次序出场，由教师随机抽取两节操，学生自己喊口令并完成动作。得分依据动作到位情况及口令节拍、声音响亮程度等评定。

内容三：迎面接力赛

1. 每一团队组织12人参赛，7男5女，比赛以先完成接力的队为优胜，获胜队成员均可获得优＋等评定，其次为优等和良。

2. 比赛由队长组织，调配队员，决定先后出赛顺序。

内容四：集体跳长绳比赛

1. 连续个数赛：每队组织13人参赛，7男6女，比赛以在一次连续摇绳的过程中，以8字型穿越跳绳的人数多少决定成绩，穿越人数最多的团队可以获得优＋的等级评定，其次为优等和良。

2. 花式跳绳赛：每队参赛人数不限，比赛以参赛队创新花式的多少决定成绩，每队创新出一种可以展示的跳绳形式记1分，最后以获得分数多的队为优胜，获得优＋等评定，其次为优等和良。

内容五：篮球赛

1. 单项技术赛：全体队员参加

（1）定点投篮赛：定点投篮，每队员两次机会，最后以投中总个数决定名次。

（2）运球比赛：用篮球场地进行运球接力赛，以最先完成接力的队为优胜评定成绩。

2. 全场比赛：参赛队员4男2女，进行三队的循环赛，教师组织另外一队队员负责裁判工作。最后以积分排名评定成绩。

〖活动评述〗

在整个活动过程中，以学生自主活动为主，教师始终处于引导者和协助者的位置，随时出现在学生需要的地方，给予有效的指导和帮助，并保证活动的公正和公平。

在团队的建设中，有力的领导者是至关重要的，他的工作能力会直接影响到团队力量的发挥，在活动中教师应该及时发现团队的问题，及时与团队所有人进行沟通，帮助解决问题，避免矛盾的产生，使团队的注意力集中在共同前进的方向上。

经过这样的教学设计，通过体育交流，学生之间很快增进了了解，由于团队的表现直接与自己的最终成绩评定发生关系，团队意识逐渐形成。通过团队的激励，学生参与活动的兴趣也得到了提高。

（深圳市南山区外语学校　章　昱）

游玩动物乐园

【设计理念】

　　游戏是孩子们的天性,是他们身心发展的客观要求,同时游戏中也隐藏着丰富的教育契机,是寓教于乐的适宜途径。另外,低年段的学生直观模仿能力较强,选择一些他们喜闻乐见的活动内容,可以培养他们参与体育活动的兴趣和爱好,发展必要的体能,让他们在轻松愉悦的环境中玩耍、学习、锻炼。本节课选取到大森林游玩、受到许多小动物的欢迎为切入点,模仿各种动物的活动特点进行运动锻炼,同时渗透保护动物、爱护动物的环保意识。

【活动目标】

1. 发展学生的体能。
2. 培养学生的模仿能力。
3. 让学生体验参与活动的乐趣,提高练习兴趣。

【活动准备】

1. 制作小动物头像(小猴子、青蛙、乌龟、小兔子、小鸟等)。
2. 合成背景音乐CD,收录有关背景音乐。
3. 选择平坦的运动场地一块。

【活动过程】

活动一　向森林出发

　　1. 上课开始,教师向大家宣布:"今天老师要带领大家到大森林里找小动物们玩,因为路途遥远,所以我们要开着火车去。请大家排成两路纵队,我来当火车头,大家跟着我向森林出发咯。"教师带领着大家围绕活动场地慢跑,模仿火车开动时的情景,由慢到快到匀速跑动(要求踏步声音整齐一致,感觉像火车开动时的有节奏的轰鸣声)。

　　2. 音乐声突然停止,同学们立即停住了前进的步伐。"注意!因为前方的路火车不通,需要大家改成骑马。大家准备上马前进。"同学们做骑马姿势,齐步前进,嘴里还不停地叫喊着"驾、驾",仿佛真的骑上了奔驰的骏马。

活动二　发现一只小猴子

1. 终于到达了森林里面,突然在前面出现了一只可爱的小猴子(教师头戴猴子样的标志),并主动向大家问好:"嗨!小朋友们,你们好啊!欢迎来到森林游玩。"同学们立即欢叫起来:"小猴子你好,小猴子你好!"

2. "猴子"向大家简单讲述有关猴子家族的情况,以及猴子的特点等,并特意介绍了猴子的代表孙悟空。教师边讲边做出一些猴子的动作,吸引大家的注意力,由此延伸到介绍人类的起源等简单的自然科学知识。

3. "猴子"说:"说了半天应该活动一下了,要知道猴子可是一会也闲不住的哦!"接下来"猴子"请大家一起跟它比赛,看谁比它"走(爬)"得更快更灵活。一场别开生面的接力赛马上就要开始了。在音乐的烘托下,比赛显得情趣盎然。

4. 比赛结束后,小猴子借故说还要去找齐天大圣孙悟空去报道,找来了青蛙王子带领大家继续游玩大森林。

活动三　小青蛙来了

1. "青蛙"(教师扮演):"嗨!大家好!我是青蛙王子,我代表青蛙家族的所有成员对大家的到来表示热烈的欢迎。请跟我一起来认识一下我们青蛙家族吧。"

2. 教师从青蛙的由来以及对人类的益处开始进行简单讲述,大家也可以利用这个时间稍作休息。重点渗透青蛙是益虫,我们要爱护它保护它的道理,自然过渡到青蛙的行走方式。

3. "青蛙"说:"我们青蛙走路可不和你们一样。有谁知道青蛙是怎么走路的?"请几个同学上来模仿青蛙的样子,随后邀请大家一起来跟它学青蛙"走路"(青蛙跳),并同时模仿青蛙的叫声。

4. 表演结束后,"青蛙"对于大家的表现给予充分的肯定,并邀请大家以后常来玩。同时强调:青蛙和人类是好朋友,要记得保护和爱护它哦!

活动四　远处传来老爷爷的问候

1. "小朋友们,你们好啊!"噢,原来是乌龟爷爷(老师头戴乌龟头像扮演)来了。

2. "嘿嘿,不好意思啊,来晚了。可不是因为爷爷我爬得慢哦。你们应该知道当年我跟兔子赛跑的故事吧?呵呵,连兔子都不是我的对手呢。不是爷爷我吹牛,这里面可大有学问,你们想知道吗?"乌龟爷爷这一问,一下激起了大家的兴趣。

3. 大家一起跟随乌龟爷爷在地上,一边爬一边告诉同学们:"做事情不可能一下子就成功,关键是要坚持,就像我们平时锻炼身体一样,只要坚持到最后,就会胜利。你们知道我们乌龟家族为什么都那么长寿吗?我先不告诉你们,等你们回家后查找一下书籍资料就会明白了。"

4. 最后,乌龟爷爷提出:等你们长大了的时候,我们再来森林里比一比,看谁爬得快,同时不要忘记到时候告诉我你们找到了答案哦!

活动五　快乐的小兔子

1. 教师头戴兔子头饰问:"小朋友们,你们看我是谁呀?"同学们齐声回答:"小兔子!"

2. "你们知道吗?在我们兔子家族里盛传着一支非常非常有名的舞蹈,名字就叫《兔子舞》。今天很高兴见到你们,请跟我一起来跳这支舞吧!"

3. 在《兔子舞》的音乐声中,大家翩翩起舞,尽情玩耍。

活动六　鸟儿送我飞回家

老师带领大家,在自由欢快的《小燕子》音乐声中飞上蓝天,双手上下摆动,像自己也长了翅膀似的,在空中自由翱翔。

播放舒缓、宁静的背景音乐,强调情景感受,旨在放松身心。

【活动评述】

运动参与部分的体能练习,是体育课程中最常见到的锻炼身体、提高体能的方式和手段。而如何让学生在枯燥无味的练习中找到乐趣,并去主动接受它、喜欢它,是我们需要面对的第一个问题,也是广大教师长久探索的一个具有普遍性的问题。

本节课在设计理念上突出体现了情景教学的作用,让学生们在教师精心设计的一系列"故事"当中去体验运动,在不知不觉中体验到运动带来的乐趣。形式多样的练习,既符合他们身心发展的需要,也体现了小学低年级学生的生理特点。

(深圳市南山区学府小学　杨如兵)

让我们争做保护环境的有心人

【设计理念】

我们生活的地球正遭受严重的污染,爱护环境人人有责,作为一名教师,向学生宣传环保知识是义不容辞的责任。本节课设计的思路,是想把环保知识与体育活动结合起来,达到使学生既锻炼了身体又增强了环保意识的目的。针对小学三年级孩子好奇、好玩、好动,又具备一定的体育知识和技能的特点,选择用废旧矿泉水瓶创编多种游戏活动,使孩子们在玩中学、玩中悟,寓教于乐,师生在愉悦的气氛下进行环保教育和创新教育,同时增强体质,增进友谊。

【活动目标】

1. 培养学生爱护地球、保护环境的良好意识。

2. 激发学生参与体育活动的积极性和团队合作的精神,发展学生丰富的想像力、创造力和协调能力。

【活动准备】

课前学生自备两个废旧矿泉水瓶,并了解环境保护的有关知识。

【活动过程】

同学们做完准备活动后,教师用提问的方式引导学生进入环保游戏的活动环节。

1. 教师引导

师:"同学们知道6月5是什么日子吗?"

生:"地球日。"

师:"有谁知道,为什么要设立地球日呢?"

生(自思互议):……

生:因为我们的地球变得越来越脏了。

生:因为地球的温度上升得太快。

师:同学们回答得非常好。因为大家不重视环境保护,我们赖以生存的地球现在已经被严重污染,所以我们每一个地球人都有责任来保护它,让我们的地球越来越美丽!保护环境从我做起,下面我们来做一个环保游戏好不好?(同学们情绪高昂,露出了急切的眼神。)同学们是不是有些疑问,今天的体育课老师叫我们带用过的矿泉水瓶干什么?现在老师就来回答你们的问题,平常我们喝完的矿泉水瓶好像没有什么用处,但是通过今天的游戏以后,你们会发现,矿泉水瓶还有这么多的用处啊!下面我们把全班分成四队,分别叫亚洲队、非洲队、欧洲队、大洋洲队,你们的任务是用自己准备的废

旧矿泉水瓶创设各种体育游戏,时间是15分钟,在规定时间内谁创编得最多,就可获得"奇思妙想奖"。

2. 同学们兴致勃勃,展开了热烈的讨论,针对有的小组不够团结的情况,教师及时给予指导,讲解分工合作的方法,经过教师的调整大多数小组都能做到分工合作,有的讲解,有的做动作,表现了良好的合作精神。

3. 亚洲队发明了用废旧矿泉水瓶做道具,开展"保龄球"、"哑铃"、"蛇形跑"等游戏,非洲队创设了"跳跳棋"、"小足球"等,欧洲队发明了"搭积木"、"打靶练习"等。15分钟过去了,还有很多孩子举着小手要发言,教师及时表扬鼓励:"同学们的小脑袋真了不起!你们发明的游戏,有些老师都没有想到,老师知道同学们还有一些好的想法,可是时间有限,我们下节课再来分享好吗?现在大家来评一评,'奇思妙想奖'该花落谁家呢?"最后亚洲队以创编五个小游戏摘走了桂冠。

4. 最后请亚洲队的同学讲解示范游戏"保龄球",老师补充规则,强调同学们要团结合作,互相帮助,同学们再分组比赛。比赛进行了两次,离下课只剩下六七分钟,同学们仍兴致勃勃地要求继续比赛,此时教师及时引导。

【活动评述】

新的体育与健康课程标准要求体育教学渗透社会交往、心理教育以及其他学科的知识,本堂课试图尝试把当前人们关心的环保教育融入体育教学中,教师通过提问来让学生了解环保知识,引导学生懂得废旧矿泉水瓶可以用来做体育游戏,再鼓励学生创编游戏,最后让每一个学生玩自己发明的游戏。通过以上四个环节的设计,自然紧密地把体育锻炼与环保知识结合起来,使学生在体育课中既锻炼了身体,又获得了环保知识,同时又发展了学生的想像力以及合作能力。

(深圳市南山区向南小学　李翌莉)

有趣的竹竿舞

【设计理念】

一、教学内容的开放性。

新课程标准倡导体育课教学内容应更加丰富，教师应着眼于"对生活有用"及"对终身发展有用"的知识和技能，关注学生的学习兴趣和学生已有的生活经验和积累，对教学内容进行选择加工，加强教学内容和学生课外体育活动、生活实际的联系。通过多样性、开放性的教学内容，使教学更有趣、更丰富，使学生对体育的多种需求得到满足，培养学生终身锻炼的意识。

二、课程资源的开发。

教材是一种重要的课程资源，但不是惟一资源。《体育课程标准》指出，教师应因地制宜地开发利用各种课程资源，体现课程的弹性和地方特色。我国是一个多民族国家，民族体育文化源远流长，内涵丰富。《竹竿舞》一课的设计，努力发掘了课程资源的优势，在教学中以民族体育为主要内容，让学生了解、学习并参与民族体育运动，大大激发了学生的兴趣，既让学生在快乐的体育活动中得到锻炼，又加深了学生对祖国民族体育运动的深刻内涵的认识了解，培养学生良好的情操。

【活动目标】

通过情境创设，使学生在舞蹈活动中学习跳竹竿舞的基本动作，以适当的速度敲打竹竿节奏，并能体会音乐的节拍，发展学生手脚的协调性及跳跃能力，引导学生共跳竹竿舞，体会跳竹竿舞的乐趣，培养学生的合作精神，加深学生对我国民族体育运动的认识和了解。

【活动准备】

课前准备若干份体操棒、跳高竿，同时把器材改造好，准备录音机及相关的音乐，划分好场地。

【活动过程】

一、情境创设。

引入课题：

"同学们，我们中国是一个多民族的国家，每个民族都有自己的民族特点和风俗习惯。今天老师带你们到其中的一个少数民族——黎族山寨那儿看看、玩玩，好不好？"

"好！"同学们兴高采烈地齐声回答。

"黎族山寨有什么看呢？你知道他们民族有什么特点吗？"学生沉默不语，我知道他们对少数民族的特点毫不了解,于是我只好直奔主题了。

"黎族山寨的竹竿舞最出名了。"语音未落,孩子们马上兴奋起来,七嘴八舌地叫起来了。

"哦,我知道,我看过,很有意思。"

"我在电视上看过少数民族跳竹竿舞。"

学生你一言、我一语,情绪高涨,脸上呈现出跃跃欲试的表情。

"你们只看过,没有参与过,今天,老师就让你们一齐尝试跳跳竹竿舞,好不好?"

"好!"快乐的声音在操场上回荡。

我一边说着,一边领着大家做起了竹竿操,学生手握竹竿(体操棒),在音乐的伴奏下,协调一致地伸展、屈臂、体侧、下蹲、踢腿、小跳步,别具一格的热身准备活动完成了,快乐地运动在这里得到了体现。

二、进入情境,齐跳竹竿舞。

1. 准备热身活动

看到学生兴趣盎然,我马上组织学生做准备热身运动,领着学生做起了竹竿操,学生手握竹竿(体操棒),在音乐的伴奏下,协调一致地伸展、屈臂、体侧、下蹲、踢腿、小跳步,别具一格的热身准备活动完成了。

2. 基本节奏练习

做完了热身运动,我又接着引导:"跳竹竿舞的人分为两部分,一部分同学敲打竹竿,一部分同学跳,那么,来到'山寨'学竹竿舞,要注意什么呢?"

"要注意节拍,不要夹伤手。"

"不能夹同学的脚,要慢点敲。"

"要听清节奏,跟节奏跳,要不会被竹竿夹伤。"

学生的回答让我知道他们有一些害怕,怕竹竿夹脚,怕跳不好,我必须要指导练习,消除他们心中的顾虑。

于是我便引导学生进行基本练习,让学生学会按一定的节奏敲竹竿,引导学生徒手练习手部动作,熟悉节拍、节奏。先熟悉拍手节奏,开开合合(咚咚嗒嗒),开(拍膝),合(拍手)。接着进行脚步练习,并配上拍手节奏(单足点点缩缩,配合拍手咚咚嗒嗒)。通过基本的练习,学生已基本熟悉节奏动作了。于是我又进行节奏变换练习,从开开合合的节奏转换成开合开合开开合(咚哒咚哒咚咚咚哒)的节奏。脚步练习由"点点缩缩"转换成"点缩点缩、跳、跳、跳",通过老师的指导及示范,孩子们不断练习,我看到刚才浮现在孩子们脸上的害怕已被兴奋所代替了。

3. 分组练习

学生弄清基本节奏和跳法后,我趁热打铁,立即组织他们进行分组合作表演练习,让学生自己找朋友组合成小组,每组两条竿(体操棒),可以两人前后搭肩同脚跳,或两人面对面用不同的脚跳。接着我就做示范跳起来了,同时喊着"咚咚嗒嗒"或"咚哒咚哒咚咚哒"的节奏。示范结束后我让学生在场地上体验、练习,敲竹竿的同学与跳竹竿的同学不断交换,认真地体验每一个角色,每一个学生都在积极主动地练习。

4. 变换方式跳

看到学生都基本掌握了跳法,我又进一步提高难度,要求学生练习跳过2—3组竹竿,在掌握了以后,发展到"♯"型跳法(四根长竿,两根平行,另两根垂直平放,组合成"♯"形,跳竿者站四个角),可以往逆时针方向跳,或者面向圆心拉着手一起跳,按顺序一个接一个跳。师生一起伴着音乐的节奏,欢快地在操场上跳跃着。最后合拼的竹竿越来越多了,学生越跳越兴奋,仿佛自己都变成了跳竹竿舞的能手。

  5. 放松活动

  四十分钟的时间不知不觉地过去了,同学们恋恋不舍地放下手中的竹竿,随着歌曲《小红帽》的音乐完成了放松动作。竹竿舞在孩子们快乐的笑声中拉上帷幕了。

【活动评述】

  现在的体育教学中,不能仅仅局限于教材,照本宣科,应充分发掘利用身边可用的课程资源,并根据学生的实际情况进行教学设计,充分关注学生,尽可能激发他们的学习兴趣,使教学内容走向开放,走向社会,使教学内容更加丰富。这样的教学才能受到学生的欢迎,这样的课堂才有永久的生命力。本教学案例中,老师充分挖掘了教学资源,对教学环节进行了精心设计,循序渐进,注重激发学生的学习兴趣,让学生在乐趣中完成学习任务,增强了学生对我国民族体育运动丰富内涵的认识和了解,达成教学目标,取得了很好的教学效果。

(深圳市南山区白芒小学   黄艳梅)

认识身体和辨别方位

【设计理念】

在实践中提高学生的认知水平,让学生在活动中去认识自己的身体,感受不同的方位。关注学生主体地位的体现,结合学生身心发展特点,让学生自己在发现美的同时获得知识。同时即学即用,通过游戏的形式将所学的知识应用到实践中,不仅加深了理解,更有利于激发运动兴趣和提高学生参与运动的积极性。

【活动目标】

1. 知道身体各主要部位的名称和辨别方位。
2. 培养学生的模仿能力和自主认知水平。
3. 提高学生的快速反应能力和团队精神。

【活动准备】

1. 准备身体各部位贴纸若干,人体纸板模型四个。
2. 拼凑身体贴纸接力游戏的场地准备。

【活动过程】

活动一 跟我练——动物模仿操

教师自编一套动物模仿操,整套操涉及身体各个主要部位。首先激发练习兴趣:"同学们,每天我们都有做早操,这节课我们一起来学一学小动物们做操,看看谁学做得最棒,如果大家觉得比较喜欢的动作,待会给我们展示一下。"同学们围成一个大圆圈并散开,教师和同学们一起在轻松明快的背景音乐下进行练习。教师提示一种动物,学生自主想像动作练习,教师随时请出做得好的同学出来领做,并把自己的动作及时融入其中。做操的过程中不断给予其他同学语言鼓励。这个部分充分发挥学生的想像力、创造力,鼓励学生自己创作、互相学习,提供一个学生展示自我个性的平台。

活动二 认识我们的身体

教师请同学展示自己喜欢的体操动作,同时语言过渡到本课的重点:"大家来看看,我们喜欢的动作是怎么样做的?活动了身体的哪些部位?"学生举手发言,讲解动作要领,教师在学生们的发言中,语言提问:"肩关节在哪里?肘关节在哪里?……"同时请出同学把文字贴纸贴在人体纸板模型上。该活动是学生统一认知的过程,全部由学生自己完成,使学生的主体地位得以体现,认知更深刻,兴趣更浓。

活动三 贴纸接力游戏

将学生分成四组进行游戏,每组同学手上拿着身体不同部位的文字纸贴,以接力的形式贴到人体纸板上,看哪一组又快又准确。各组同学打乱文字纸贴之后,适当增加一到两次游戏。教师对游戏结果安排各组做交叉互评,并做总结。以接力的形式进行游戏,在紧张刺激的情境下,使学生的认知更深刻;通过学生互评和师评两种评价方式,使学生有清晰的自我认识,同时激发团队精神。

活动四 看谁反应快游戏

教师首先指定某个学生或某些学生做出不同方位的动作,然后根据人体纸板和学生一起了解不同的方位:前、后、左、右、上、下、左上、右前,等等。

游戏首先在教师指导下进行,教师语言指示一个或一组学生做一个表明方位的动作或快速移动到一个方位,如"第一组同学站到老师身后"、"第二组同学把右手放在头上"、"男同学头朝下"等等。然后将学生分成两组,指定小组长带到指定位置练习,教师巡回指导并加入其中,增强学生练习兴趣。该部分通过学生的行动来学习不同方位,符合水平一学生活泼好动的生理特点,更显生动;学生分组练习,充分发挥了学生的自主性。

【活动评述】

增进学生的身体健康,应使学生具有关注身体和健康的意识,对于水平一的学生来说需要知道身体各主要部位的名称和辨别方位的能力,而这两方面如何通过在运动中来学习是新课程标准中的一个难点。这堂课的活动一根据学生的身心特点,通过动物模仿操练习,有效提高学生的参与积极性,并紧密结合课的重点,自然地过渡到下一活动。整节课贯穿"练习——认知——练习"的形式,首先师生一起活动,然后共同从中总结出知识,最后再通过活动来加深认识,有效地增强了学习效果。同时教师能够及时获得教学效果反馈,了解哪些学生没有掌握好,并及时给予补充指导。该课对于学生的主体地位有较好体现,发挥了学生的想像力、创造力,以及自主学习能力。

(深圳市南山区桃源小学 胡 伟)

齐心协力　勇闯难关

【设计理念】

　　课的设计强调学生自主互助，勇于面对困难与困境。课采用最基本的接力游戏的形式，教师引导学生在情景中去互相交换技术要领，进行同伴之间的互助。同时课的要求上更强调了学生的语文知识能力的巩固和提高，采用了以体育为主，语文学科为辅助的教学模式。

【活动目标】

　　1. 多学科结合，体育为主，其他学科为辅。
　　2. 克服困难，跨越障碍（钻、跳、爬、滚），通过各种练习加强学生独立自主的能力。
　　3. 团结协作，创立"绿化环境"为主题的造句模式。

【活动准备】

　　1. 跨栏架4个、小黑板4幅、粉笔若干、体操垫4幅、五角星道具若干。
　　2. 了解学生情景要求，进行情景的合理设计和安排。
　　3. 场地的设计，器材摆放，教师的课前准备工作。

【活动过程】

活动一

　　开始时候把学生引领到情景主题，让学生在课堂当中能较快地融入到情景当中去。教师跟学生说："今天我们来练习'野外求生'，同学们通过我们这次练习在将来面对困难时就可以沉着处理了。"

活动二

　　给学生2分钟的时间让学生先观察教师设置的障碍物，教师利用这2分钟时间给学生分组。分组采用男女搭配，分成各小组人数均等，男女人数尽量均等的四个小组来进行"野外求生"的活动。通过分组让各小组形成小团体，小组之间形成竞争，小组内团结配合。

活动三

教师放快节奏的音乐把学生情绪调动起来,学生跟教师学做健身操(健身操融入了热身准备动作)。

活动四

教师为四组学生建立四个同一起点的营地,教师提出练习的要求:一个小组就是一个小集体,同学之间要互帮互助、携手共进。

教师设立情景:同学们要每人亲自经历沼泽地,钻过山洞,爬过荆棘,最后前滚翻躲过野兽的视线摘取古树上的果子,回到自己的营地里面,看哪一组使用的时间最少、最快。

学生根据教师的要求进行练习。

活动五

教师引导学生改变情景:古树的果子快摘光了,为了保护好我们这四颗古树,我们各个小组自己讨论一下要留下什么句子来给经过这里的人一个警示(在原来游戏的基础上加上四块小黑板)。

学生讨论3分钟,进行接句游戏。

活动六

集合四个小组对比四个小组的句子,总结与建议。

【活动评述】

现在的学生自理能力在不断地下降,野外求生本领现在已经成为学生教育、教学领域里面不可缺少的一方面,学生通过情景教学团结同伴,独立完成都能得到很好的体现,学生需要克服心理障碍与畏惧心理建立坚强的自信心,如果离开群体而独立的话就失去了交往能力的效果。

在知识方面不再是单一的体育教学,要多学科结合,这对于教学将更有帮助,也有更大的成效。教师与学生进行交往,学生与学生进行交往,学生在群体中的地位就得到了确立。

(深圳市南山区桃源小学　郑海坚)

回归自然　野外求生

【设计理念】
　　本次课的设计着眼于新课标的基本理念,力求在学生的运动参与、运动技能、心理健康、社会适应等各方面都有所体现。通过学习,认知更多的课本以外的知识,开拓学生的认知领域。在学习运动技能的同时,更好地培养学生的心理及社会适应能力,从而使学生得到全面的发展。

【活动目标】
　　1. 在学习中体验互相关怀,在接受别人的帮助时感受集体的温暖。
　　2. 学习一些基本的技能。
　　3. 真诚、主动给予别人帮助。

【活动准备】
　　1. 检查学校体育园地设施,确保安全。
　　2. 检查学生上课服装,确保符合体育课要求。
　　3. 将学生随机分成四组,为上课做好准备。

【活动过程】

活动一

　　这是一堂水平一的体育课,学生的年龄都在七至八岁,进入快乐体育园地会很兴奋,也很容易出现课堂秩序的混乱,怎样充分利用好学生的积极性和学校的设备,使课堂变得生动、有趣、有序地进行呢?
　　我们从提问开始。"我们人类与其他动物相比较谁强大？为什么？"教师通过提问,吸引学生的注意力,使学生对本次课的内容产生兴趣,让学生去开动脑筋积极思考、探究。教师根据学生的回答加以总结。因为人类有充满智慧的大脑,人类靠智慧成为大自然的统治者。人类靠自己和集体的力量征服和改造自然。但人类也有弱点,如在恶劣的自然环境里的生存能力和适应能力就比许多动物差。
　　在同等的智力条件下,技巧和技能就成为生存最重要的因素,例如怎样躲避天敌的攻击和自然灾害等。同学们知道哪些生存技巧呢？学生可以通过集体讨论说出自己认为的生存技巧和技能。其实,我们日常生活中的走、跑、跳、攀登、爬越都是生存的技巧和技能。人类还有一个最重要的技巧就是如何与人交往。

活动二

人类最聪明的地方体现在学习。人类通过向其他人和动物学习,加以总结和提炼,通过自己的不断练习,熟练掌握,就可以提高自身的生存能力。动物界有很多值得我们人类学习的技能和技巧。在教师的带领下,将快乐体育园地情景化,设计成为一个有峭壁、深渊、沟壑、丛林的自然环境。路线有一定的难度,个别地方需要别人的援助才能完成。

"现在我们就来向动物界学习它们一些简单的技能。"利用体育园地的设施,学生练习攀登、爬越等各种基本技能。这时学生的心理会产生一些变化,大多数是以一种兴奋的姿态表现出对课堂内容的渴望,也有部分学生会产生畏难情绪,怎样让所有学生都积极参与进去,勇敢地去面对,就成了本次课的关键所在,是老师和学生都要共同努力去解决的一个问题。教师语言提示注意安全,关注胆小、体质较弱的学生。四个队伍不能散队,提倡团队精神。在这里,利用集体的智慧和力量去克服困难,团队的作用就可以得到充分的体现,是学生体验合作学习的关键实践,也是新课标要求的重要内容。教师在整个教学过程中及时表扬乐于助人的行为,不断鼓励相对较差的学生通过自己的努力和队友的帮助完成练习,使每一位学生都能完成课堂内容。

活动三

体验成功的喜悦和集体的关怀。"你完成得怎样?""你很棒,很乐于助人。""你很努力,老师很满意你的表现!""你们都表现得很出色!""你得到了别人的帮助吗?""你帮助了你的同伴吗?"学生谈谈得到别人的帮助和给予别人帮助的感受,体会集体的温暖。人类与动物不仅仅是在智慧上有不同,更重要的是人类更懂得集体的力量,人类有着最伟大的爱心。

【活动评述】

要实现新课标对体育与健康的要求,教师要不断提高自身的素质,以学生为主体,充分利用现有的资源,为学生创建新颖有趣的课堂情景。这节课我之所以要随机编组,主要目的是让学生通过与不同性别、不同性格的同学合作,有更多的相互给予和接收别人的帮助的机会,从而得到更多的亲身体验,从中学习与不同的人和睦相处,在体现新课标对体育与健康课的要求方面进行一些尝试。

(深圳市南山区桃源小学　田　锋)

团结就是力量

【设计理念】

在飘飘洒洒的飞雪中,在银装素裹的雪的世界里,我们感受着大自然的神奇与美丽。深深地吸一口洁净的空气,我们的心灵似乎也变得和雪一样纯洁起来。一群孩子在雪地里打着滚,充分享受着,把柔柔的白雪攥成团,他们相互追逐着,打闹着,堆雪人,掷雪球,这是一幅多么美的校园风景画呀!我们的教师和学生就是这幅图画的主角。

1. 通过创设情景,激发学生参与游戏的兴趣。
2. 培养学生热爱大自然,使他们能从欣赏的角度去爱社会,爱学校,爱家庭,从而进行德育渗透。
3. 引导学生开展探究性学习,培养独立性。

【活动目标】

1. 在晶莹的雪世界中培养学生热爱自然的情感。
2. 让学生在攻守中去体验团队的力量。
3. 加强对学生的安全教育,在学生心中培植遵守规则和公平竞争的现代意识。

【活动准备】

1. 首先我让每个同学手持一瓣雪花,听音乐《雪花飘》,挥动手中雪花,感受北国冬天大雪纷飞的意境。
2. 天空在飘着雪,地上则铺满雪球,孩子们在雪地上尽情地嬉闹着。

【活动过程】

第一环节:雪花飘。我启发学生看谁手中的雪花在空中飘的时间最长。播放音乐《雪花飘》,雪花在同学们的手中以各种形式落下,有的快速落到地上,有的在空中稍停片刻,又改变方向慢慢下来。孩子们不停挥动手中的雪花,这样既锻炼了学生的上肢力量和思维能力,学生也能在运动中体验活动的快乐。

第二环节:堆雪人。我创设的情景是地上铺满雪球,把学生分成若干小组,利用地上的雪花和雪球堆成各种不同的雪人。比一比,看一看,哪个小组的雪人堆得又快又像。发动小组的集体智慧,利用简单的跑、捡、放、堆等基本动作,培养学生相互帮助、团结协助的精神。

第三环节:打雪仗。我把打雪仗当作一场战斗进行情景设置,把学生分成不同的战斗小组,有正面进攻的,有侧面迂回的,有后勤支援的。我有意识地利用小组轮换的方式,让学生去体验各个战斗小组相处的不同工作。学生在不同的小组中尝试和体验去完成不同的任务,从而使学生体会到只有相互协调齐心合力才能打胜仗。孩子们在相互合作的一次次冲锋里享受着胜利的喜悦,感受着团队精神所迸发的力量。我在进行教学设计时,充分考虑到增进学生之间友谊的教育因素,采取"友伴式"分组的教学组织形式来组织教学,如在打雪仗中当自己被对手围攻而不能解脱时,好朋友会奋不顾身地来为自己解围,这就是学生眼中的友谊。

【活动评述】

本次课围绕"雪"进行教学,借助雪地里的游戏,鼓励学生积极参与,引导学生开动脑筋,用自身和集体的智慧完成任务,并在游戏中渗透德育教育、安全教育。我不失时机地引导学生在玩中去自觉地遵守规则,因为只有遵守规则的竞争才是公平的,遵守规则和公平竞争也是衡量现代人素质高低的一个重要标志。

(深圳市南山区海滨小学　何丽娜)

绿色与和平共存

【设计理念】

　　初级阶段的教学工作有助于学生人生观、世界观等观念的形成,在学生知识增长的过程中,培养一个良好的习惯和长远的意识很重要。为加深学生对绿色主题的深入了解,对环保意识的加深巩固,利用体育课让学生在情境中亲身感受破坏的危机,利用换位思考的方法,让学生作为小树和小动物来感受遭到侵袭的体验,从而让学生意识到如何去保护环境、爱护小动物、维持自然的平衡,让学生亲自融入到自然中。

【活动目标】

　　1. 通过换位体会和换位思考,使学生体验应该如何来爱护小动物,从而启发学生保护环境和融入自然的兴趣。

　　2. 让学生感受当他们作为小树和小动物遭到破坏时的心理感受。

　　3. 使学生了解在平时的生活中应该如何去注意保护身边的一草一木,保护自然环境。

【活动准备】

　　1. 利用学生假期旅游到过的地方来描述他们的所闻所见,对他们接触的环境进行描述,让学生了解全球自然环境的现状,意识到生态平衡被破坏的危害。

　　2. 让学生知道自己是未来的主人,着眼于未来,让他们感觉到保护环境责无旁贷。

【活动过程】

活动一

　　以"穿过小树林"的游戏开始,让学生站成四路纵队,每一个学生为一个小树,最后一名学生绕过每一名学生进行穿行,全组人每人穿过一次为一组。在这个绕行的过程中,大多数的学生为了速度的提高对站立的同学难免会有拉扯。在游戏结束后我就对学生进行了解,问他们当别人拉扯他们的时候是什么样的感受。学生纷纷皱眉头,说:"很难受,都要倒了。"我借这个时候就问学生:"如果你们在上学路上拉扯小树,更过分的还有折断树枝的,那么小树的心里怎么想呢?"学生有的默不做声,有的窃窃私语。他们开始体会到小树被拉扯的那种厌烦的心理,从而能够爱护身边的一草一木。

活动二

教学过程我主要以情境中的游戏来完成,让学生扮演小动物,我来扮演猎人。他们在森林里(篮球场)活动,遇到了猎人打猎。他们跟在猎人的背后,猎人看不到的时候他们就要学动物的跳跃姿势到达安全的地方,猎人回头搜寻的时候他们就要蹲在原地不动,动则被猎人发现打中,淘汰出局。活动过程中我让他们体会到当人们向小动物攻击时小动物那种恐惧的心理,从而使学生发自内心去同情动物、保护动物。在最后,我设计让学生最后来围攻猎人,将猎人(教师)按倒在地,以此来培养学生的正义感。

【活动评述】

环境的保护要先从意识着手,本堂课那么通过换位的思考和感受让学生来体验和领悟保护自然的概念会更直观、更深刻,而且能够提高小孩子的兴趣,使这种观念融入他们的脑海中,逐渐根深蒂固。

从心理学的角度讲,认知的过程是一个接触——熟悉——巩固——加深——形成正确观念的一个过程,仅仅通过一节体育课使学生形成完整的环保观念是不够的,主要是想通过这节课让学生时时刻刻都意识到身边的事物,让他们从小事做起,多往这方面联系,逐渐培养他们形成环保的终身习惯。

(深圳市南山区华侨城小学　廉洪儒)

我也走进世界风情大巡游

【设计理念】

为提高学生全面素质,体现人人参与,提高个人参加团队活动的感受,培养国际化人才,我校举行了一次特殊的活动——世界风情大巡游。我所带班级活动是西班牙"斗牛和划船"。情景教学是效果较好的一种,它能提高学习兴趣和求知欲望,本次大巡游能积极营造一种学生之间互动学习与交流的氛围,以利于学生人际关系和谐,感受集体温暖和情感的愉悦,通过本次活动是培养社会适应能力的有效方式。本次大巡游活动让他们感受和了解世界风情文化,增强相互交流,相互支持,对于他们增强社会适应能力的作用是巨大的。

【活动目标】

1. 感受关爱运动能力弱的同伴。
2. 能处理好在活动中的合作关系。
3. 体验个人在参与团队游戏的感受。

【活动准备】

1. 了解音乐、时间、出发地点、队伍路线、方向以及行走时的要求。
2. 准备好服装、器械和化妆工作。
3. 进一步了解所演国家的风情和特点。
4. 进一步让学生之间交流,注意如何更好搭配。

【活动过程】

活动一 准备

从前一个班演出活动开始作准备。

整队集合(快、静、齐),教师再一次对本次活动做要求,强调每个人要积极参与,精神饱满,合作快快。

活动二 "斗牛"游戏

1. 组织好人员,选好"斗牛者"和"牛"(要求弱生和强生相互搭配好)。

2. 小组合作，探究学习"斗牛"的基本知识和简单方法。
3. "斗牛"中要体现斗牛者的智慧和勇敢，也要体现"牛"的狂野。

活动三 "划船活动"

1. 随音乐模仿划船动作（要求：有风浪感受）。
2. 根据老师要求小组合作，探究学习"划船"动作及队形变换。
3. 展示各组风采（各种花样，各种造型）。
4. 各组同学要发挥丰富的想像力和创造力，用心体会国外风情和文化。

活动四 歌舞活动（东方少年）

1. 同学们手拉手，性别交错站成二列横队。
2. 同学们边唱边跳（轻松自然）。

【活动评述】

本次活动对于发展学生社会适应能力有独特的作用，学习目标由隐性变为显性，由原则性的要求变为可观察的行为表现，让学生在情景中学习，得到非常好的效果。本次活动要求人人参与，对于形成集体的凝聚力有着积极作用，他们有着共同获得成功的满足感。

（深圳市南山区育才三小　张　进）

快乐动物乐园

【设计理念】

新课标对水平一的教学提出的要求是：坚持"健康第一"的指导思想,以学生的发展为中心,激发学生的运动兴趣。在日常生活中,孩子们对动物是非常喜欢的,对动物的外貌特征、生活特点也都充满了好奇,对有些常见动物的行为习惯也有所了解。因势利导,利用孩子们的这种好奇与求知欲,让他们充分发挥想像,去模仿、设计有趣的活动,这样在兴趣的驱使下,在教师设计的情景中去认识、去交往,从而达到健康的目的。

【活动目标】

1. 激发学生喜欢上体育课的兴趣。
2. 培养学生在体育活动中的社会适应能力,学会与同伴友好相处。
3. 提高模仿能力,在玩乐中唤起学生对动作的记忆。

【活动准备】

1. 了解学生熟悉、喜欢哪些动物。
2. 准备卡片3付、小圆圈贴纸各40张(灰色代表大象,黄色代表鸭子,白色代表兔子,红色代表人)、小红星10个。

【活动过程】

活动一：课堂常规

活动二：队列队形及学习广播操2节。

活动三：游戏：《动物乐园》

(一)在音乐的伴随下,教师带领学生步入"乐园"(乐园里有"树"、"草坪"、"池塘"、"萝卜地",还有自制的"小动物")。

(二)大家在"草坪"上席地而坐,然后教师提问：

1. 同学们,我们现在是在哪里？(提示：通过观察,发挥想像)

有的同学说在学校操场,有的同学说在篮球场。老师提示,要求同学们观察,并发挥想像。这时有同学说：有点像到了动物园。老师肯定这些同学的说法,并且引出本课题。

2. 真正的动物园你们去过吗？说说看,你见过哪些动物？

老师的提问一出来,同学们就兴奋不已,你一言,我一语,都想把自己的感受告诉大家。老师以小组为单位,各选一名代表发言。

3. 在你们熟悉的动物里,你能比较准确地模仿你喜欢的动物是怎样行走的吗？

要求：每个小组只能选出 1—2 个同学出队模仿。

学生有模仿大笨熊的,也有模仿大象、小狗、小兔子、小花猫等,真是五花八门。

(三) 1. 同学们猜猜看,今天李老师给你们带来了哪几种动物？在老师告诉你们之前,有一个小小的问题提出来,那就是：每个同学要仔细地想一想,这些动物是怎样行动的？

2. 教师依次出示卡片：大象——鸭子——兔子——人

学生可以根据自己平时对动物的了解,在原地模仿。

3. 教师就地把学生分成四个小组,开展讨论、模仿以及自由组织动物游戏。

要求本小组的同学团结协作,友好相处,并充分发挥自己的想像,提高同学们的活动兴趣。

4. 以小组为单位,出队模仿、表演本组的动物游戏,看看哪些组模仿得最好,游戏组织得最特别。教师讲评,并以小组为单位颁发模仿、组织优秀奖(每人奖小红星一个)。

最后的评选让老师有点为难：每个小组都有自己的特点,特别是孩子们那充满期待的目光。

(四) 开始"动物大游园"的游戏

游戏方法：在草坪上每人手背上贴一个灰色圆圈,表示大家都得像大象一样走路,寻找伙伴。听到哨声后,两人一组自由组合,做石头、剪子、布的游戏。游戏输了,仍然为大象继续寻找伙伴,游戏赢了,就可以升级到"池塘"里成为"鸭子",手背上贴一个黄色的圆圈,就可以在"池塘"里边游边玩,方法同上。如果又赢了,就可以去"萝卜地里"成为可爱的小兔子,手背上将贴有一张白色的圆圈,游戏方法同上。在这个"地里"游戏赢了,就成"人"了,可以快速跑到大树底下,老师将奖励每次游戏中前十名成"人"的同学。

此项游园活动做三次,每个小场地派两名同学派发升级标志。

游戏要求：

(1) 大象的行走是：四肢不能离地,笨拙缓慢行走；鸭子的行走是：屈膝全蹲或半蹲,手臂身后漂游；兔子的行走是：并腿双脚跳,手臂可自由活动。

(2) 注意安全。

(3) 游戏时要求诚实,按照要求做行走动作。(目的：增强学生的基本活动能力,提高模仿能力。)

活动四：放松歌舞《花瓣》。

【活动评述】

学生能力的增长,是需要教师设置一个符合孩子身心特点的平台,让学生对体育课产生兴趣,让学生通过体育活动适应环境,与同伴友好相处是新课标的重点。因此我通过"动物乐园"这个有趣的课题,给学生创设了一个情景,让他们自由发挥,自主锻炼,使学生在情景中体验集体活动的乐趣,在不知不觉中,学生的基本活动能力、同学间友好相处的能力,以及对体育课活动的适应能力得到了培养和提高

(深圳市南山区华侨城小学　李娟娟)

一堂心旷神怡的户外活动课

【设计理念】

日常行为规范和野外生存能力练习,长期以来一直是我们体育课程的薄弱环节。这些方面的知识要么没有引起老师的足够重视,要么出力不讨好,既费时费力又不能马上看到效果。所以很多教师在平时教学活动中宁肯放弃此类练习,也不愿"自讨苦吃"。本节课教师通过一些日常生活中所遇到的问题(比如本节课里面所涉及到的乘车、徒步到达某个陌生地方等),加强学生对社会和生活适应能力的培养,提高自我生存能力。既拓宽了学生的知识面,又活跃了教学氛围。

【活动目标】

1. 提高生存适应能力。
2. 学习掌握看地图、路标指示牌等辨别路线的方法。
3. 加强合作学习与交流。
4. 体验生活,感悟生活。

【活动准备】

1. 考察、制定一套完整的活动路线及方案。
2. 绘制(购买)道路指示地图。
3. 每组配备一部对讲机。
4. 强调路上注意事项及安全问题。

【活动过程】

活动一　迷路的时候

1. 教师导入问题:"如果你在外面迷了路怎么办?给你一张地图,你能找到目的地吗?"
2. 大家分组讨论,各自发表自己的看法
3. 教师对刚才的活动进行简单评述,正确引导,掌握合理有效的方法。

活动二　我是小小旅行家

1. 亲自实践一下,教师带领大家来到一个都没有去过的地点——深圳大学西门。

2. 在大学校门口分组,每组发给一张深圳大学平面图,并选出一个小队长,配备和管理使用对讲机。

3. 公布集合地点——元平体育馆门口。

4. 活动开始,各个小组分别出发,开始计时,最先到达的小组获胜。

5. 教师随时用对讲机和各个小组联系,及时掌握现场情况,并根据实际给予必要指导;

6. 路线的布置要有一定的难度,应同时保证有几条线路能够到达目的地,但路线长短不同。要求学生记录好行走路线、沿途所经主要景点等。

活动三　交流心得体会

1. 等所有队伍到齐后,公布各小组所用时间。

2. 请各小队长讲述行走过程以及中间发现的问题。

3. 根据平面图,分组计算本次行走路程的大概距离。

4. 在音乐《一条路》的优美歌声中,大家互相讨论学习,交流心得,并请最先达到的小组传授经验,教师穿插其中,和大家一起学习如何才能在最短的时间内以最快的方法到达目的地。

【活动评述】

本节课在设计上内容比较新颖,但实际操作起来难度较大,需要教师做好大量的课前准备工作,比如在路线的设计上,既要考虑路线的完整性,又要考虑好路线的区别,同时还要特别关注学生的安全问题。这里应做特别说明的是,这个活动设计的不仅仅是在一堂 40 分钟的体育课上所能完成的任务,应结合实际,多利用课外活动时间或者专门的时间组织开展类似的活动。如果组织实施得力的话,相信应该是一堂非常生动、非常有意义的课。

(深圳市南山区学府小学　杨如兵)

快乐体育

【设计理念】

篮球游戏的内容丰富,形式多样,生动活泼,符合少年儿童的生理和心理特点。每个游戏不仅有技术动作细节的要求和技巧性,而且变化多样,内容形式新颖,容易使学生感兴趣。篮球游戏的分类方法是由它本身的特点而决定的,但必须是以篮球运动规律的特性为基础。同时,有鲜明的针对性和目的性。一般分类为:以篮球基本技术为类别的;以有球技术和无球技术为类别的;以准备活动和整理活动为类别的;以增强体质,锻炼意志品质为类别的,等等。

【活动目标】

1. 篮球游戏具有集体性强、内容丰富、简单易行及富有吸引力的特点,在教学中,可向学生进行思想品德教育,培养学生团结友爱、互相帮助、遵守纪律、集体主义等优良品质,有利于促进学生的身心健康发展。

2. 竞赛是篮球游戏的突出特点,通过游戏性的竞赛活动,激发学生积极上进的情绪,增强学生的自信心。

【活动过程】

第一节体育课

师:"今天我们的体育课是一节篮球课。"

生:"啊,篮球,是不是拍球,投篮啊?"下面的小朋友开始议论纷纷。

我听到下面的议论心里不禁惊喜,一年级的学生对篮球还是有一定认识的,那么课也就好上了。

我满怀信心地安排学生分组进行运球训练,刚开始时学生的积极性还是蛮高的,认真去做。但是在课堂中期学生就有了变化,他们认为拍球的动作已经学会了,课堂的纪律越来越乱了,学生开始追逐打闹了。

我整顿好课堂纪律后问学生:"你们都会做了?"

学生齐声回答:"会做了。"

这时有一个平时很乖巧的小女孩轻声对我说:"老师,我觉得好无聊,我们可不可以换一个游戏?"

师:"不行,你看一看你们,球还到处乱跑呢,就说会做了,离老师要求的标准差远了,继续做。"在我的"强迫"下学生只能继续练习运球,课堂的纪律还是一样乱,学生还是一样追逐打闹。我硬着头皮撑到了下课,垂头丧气地走回了办公室。

为什么学生不认真去做,是不是我的教学内容太死板,学生不喜欢?他们只是一年级的小学生,在内地他们这个年龄还在上幼儿园啊,而我却以成人的标准要求他们,我是不是太残忍了!我不断地在进行反思。对,我要改变我的教学模式,让学生在玩中学,把快乐还给学生。

第二节体育课

师:"今天我们还是上一节篮球课。"但是与第一节课不同的是学生听到篮球课后,再没有第一节课的兴奋劲,而是面无表情。

这时,我话题一转:我们不需要再像上节课那样运球了。

"那我们做什么啊?"学生的情绪又有一点高涨,他们睁着好奇的大眼睛望着我。

我问学生:"你们爱吃水果吗?"

"爱吃。"

师:"那么好,我们今天就去摘水果。"

生:"老师我们去哪里摘水果啊?"

师:"你们手上的小篮球就是水果。那么要怎样摘水果呢?首先,我们要分成人数相等的四组,从第一个小朋友开始将小篮球手递手地从每个小朋友的头上传过去,看哪一组最先将本组的'水果'传递完毕。但是,在传的过程中每一组的'水果'不能掉在地上,如果掉下来了,这个'水果'就不算数。"

在接下来的游戏过程中,学生玩得很开心,每一组都小心翼翼传球,生怕"水果"从自己的手上掉下来。第一组游戏结束后,我又换了另一种形式,让学生从胯下传过去。

下课的时候学生拉着我说:"杨老师,为什么体育课过得那么快啊,这节课我玩得好开心啊,下节课我们可不可以接着玩啊?"

看到他们意犹未尽的表情,我也开心地笑了。

总结本次课,本来很枯燥乏味的篮球课通过情景游戏教学充分调动了学生学习的主动性和积极性,激发和保持了学生的运动兴趣,同时又培养了学生的竞争意识和能力。

【活动评述】

一、激发和保持学生的运动兴趣

体育课程和教学应将激发和保持学生的运动兴趣放在中心位置。要激发学生的运动兴趣,就要努力满足学生的学习需求。首先,我与学生建立一种合作与互动的关系,真诚、平等地对待每一个学生,尽量满足绝大多数学生的需求和爱好;其次,我打破了体育课教学成人化、竞技化的教学方法,选择了儿童化、趣味性强的运动项目,努力营造轻松、愉快、和谐的课堂气氛。

二、培养能力

1. 重视学生的实践能力

体育课程十分强调实践性,就是要让学生充分地进行身体活动,在不断的身体活动过程中使自己的运动意识和能力得到提高,从而养成坚持体育锻炼的习惯。本节课充分给学生实践的机会,让学生在玩的过程中学习和掌握技能技巧。

2. 重视学生的应用能力

新的课程关注的是应用价值的练习,关注那些具有可持续性价值的身体活动方法,

而不苛求教材内容的系列化和严密性,不一定都采用竞技化的运动项目内容。所以本节课就将篮球运球技术课改为情景游戏课。游戏是儿童的天性和权利,是他们身心发展的客观要求,是他们十分喜欢的活动内容和形式。游戏中隐藏着丰富的教育契机,是寓教于乐的好途径。

(深圳市南山区实验学校　杨　蕾)

大家一起来游戏

【设计理念】

1. 人是群居动物,是不可能离群所居的,所以人际关系的建立就成了每个人不可或缺的能力之一,而与他人相处、合作也成了人际沟通上重要的一环,因此希望通过本课内容让孩子知道人与人合作的重要性,让孩子明白许多事是要靠许多人的共同努力才能完成的。

2. "合作"的意义是很难被低年级的孩子理解的,所以希望通过游戏的方式,来告诉孩子合作所产生的快乐或美好的结果,进而培养孩子合作的精神和人际交往的能力,提高个人健康和群体健康的责任心,形成健康的生活方式和积极进取、乐观开朗的生活态度。

【活动目标】

1. 能和他人合作完成游戏。
2. 能分享、表达自己的想法或意见。
3. 能知道合作的好处。
4. 能遵守游戏规则。

【活动过程】

(一)准备部分:

1. 常规检查。2. 师生问好。3. 韵律活动。4. 宣布课的任务。

(二)基本部分

1. 活动前教师与学生对话导入课的内容:(1)小朋友你们曾经有和别人一起完成一件事吗?完成什么事?你负责做些什么事?其他人又做了哪些事?(2)和别人一起完成一件事就是合作。教师说明"合作"的意义。

2. 合作游戏1(同绘一幅画):

(1)教师讲解游戏方法,强调"合作"。(2)学生活动。(3)展示合作完成的图画造型,领会成功的喜悦。

3. 合作游戏2(步调一致):

(1)教师说明并示范"步调一致"的游戏方法和规则。(2)学生练习两次。(3)分组比赛。(4)请学生发表"步调一致"游戏的感想。

4. 生活联想:教师引导,"除了刚刚的游戏和之前的合作图画造型外,还有哪些事情是需要合作的",请学生举例(生活中接触到的和观察到的都可以)。

（三）结束部分

1. 放松操

2. 教师小结：教师说明生活中许多事情是需要别人合作的，教师将方向推到日常生活所使用的器具、事物等方面，再三强调"合作"的重要性，再对本课学生活动及课堂表现和平时的学习态度进行评价。

【活动评述】

　　水平一孩子的本性是喜动、好模仿，有强烈的表现欲和好奇心，模仿性强但理解能力却相对欠缺，比较适合学习一些以直观的生活范围常见的内容为主的活动。水平一的学生对新的事物容易接受，他们不喜欢一成不变的东西，所以在教学方法上力求新颖。本课在教学方法上和组织形式上打破了常规教学方法，采取实景拍摄的图片为参照物让学生进行模仿，它比教师的单一示范来得形象生动，更能引起学生学习的兴趣。而且在强调教师的主导作用时强调学生学习的主体地位，教师指导学生去观察图片模仿其动作的过程中，在小组模仿活动中，培养解决问题时的团队合作精神，通过"步调一致"游戏活动让学生体会同心协力、共同努力、目标一致、共创佳绩的合作精神，帮助他人完成群体目标来发展自我意识，与同伴建立良好的合作关系，正确地认识自己。整堂课可以说是在欢快的气氛中完成，学生学习的兴趣高涨，使学生在身、心两方面得到满足，可以说是顺利地完成了本课的任务。

（深圳市南山区西丽小学　官秀珍）

快乐的体育活动

【设计理念】

本课根据学生的爱好,自由选择自己喜欢的体育项目进行活动(有限选择,每个项目可有六人参加),教师通过征求参加该项目学生的意愿教其相应的技术,通过自己的练习提高技能,从而获得该项目所带来的身体锻炼,身心健康地完成一节体育课,在有限的时间内可自由改变练习项目。根据目前的国情,我国学生的合作能力需要提高,在游戏方面安排"争当清洁小卫士",正是结合学生乱扔垃圾的坏习惯进行思想上的教育,通过比赛形式的游戏加深同学之间的合作概念,从而明白合作的重要性。

【活动目标】

1. 让学生选择自己喜爱的活动项目,达到身心健康的教学目的,通过练习提高该项目的运动技术、技能。

2. 通过游戏加强学生的环保意识,提高合作能力。

【活动过程】

第一部分:

1.（引导）学生集中在一起,教师检查一下人数,通过语言把学生的注意力集中到上体育课中来。

2. 学生一个跟一个围圈跑,教师在圈子中间,跟着音乐一起做韵律运动。学生得到充分热身。

第二部分:

1. 学生集中起来听老师讲今天活动项目的安排(有哪些项目),注意的事项(安全,自由),并提示老师会下到各组进行检查,同学们有什么问题也可提问等事项。

2. 学生根据自己的爱好到相应的地点进行相应项目的学习活动。

3. 教师按顺序每个练习点进行检查,并解决同学们提出的动作技术、练习方法等问题,除相应的示范和讲解外还要进行简单的评价,以表扬、鼓励为主,调动学生学习的积极性和不断求知的信心,以及大胆的创新精神。

第三部分:

游戏,以组为单位,共同拾起教师散落在半个足球场上的键球并放回框中,记录全组完成该次的时间,最后评比并给予红花奖励。

1. 利用哨音将学生们集中起来,准备集体游戏项目。

2. 简单扼要讲解游戏的产生和游戏的方法。

3. 利用一小黑板记录各组各次的成绩。

4. 汇总评比奖励红花。

第四部分：

学生自由随意地站立,轻闭双眼随着音乐根据老师的提示自由发挥想像做出各种各样的动作。

第五部分：

各组按要求归还器材,本课结束。

【活动评述】

本次课上课的效果不错,主要体现在学生在毫无约束的自由心态下,充分发挥自己的想像力,根据自己的喜好选择体育活动项目,教师的教虽然体力消耗大一点,但因为重复的少,教得也不是很烦。因为教师在教学上运用了很多儿童语言,学生听起来比较亲切,还运用了很多鼓励、激励的语言,学生整节课都玩得很愉快。很多东西学生在不自觉中形成,如兴趣、纪律、互助学习、竞争意识等等,在玩的过程中培养与形成、发展和完善。因为场地的分散所产生的相互干扰很少,所以学生可以比较专注地进行学习和积极地思考问题,形成勤学多思的良好学习氛围。但本课需要的场地较大,器材较多,而且要求教师的知识面要广,项目运动技术全面,也许这就是未来社会对我们小学体育教师的一种要求。

（深圳市南山区西丽小学　邵永忠）

可爱的小鸭子

【设计理念】

形体课是培养学生高雅气质和美的意识的主要途径之一。加强对学生优美姿态的培养，矫正其不良的身体的姿态是形体课追求的目标。小学低年级的学生，由于年龄特点，做任何事情都凭借兴趣，对不感兴趣的东西，他们很难用理智去克服情感而为之。所以，我在组织教材和设计教学方法上都十分重视这个问题，注意把激发兴趣、保持兴趣作为对学生能力培养的契机，从而吸引他们学习的注意力，使形体课教学达到预期的目的。

在上低年级课时，我曾选用过音乐教材中的欣赏曲目《鸭子拌嘴》来设计形体课教学。这首乐曲带有情节性的构思，充分运用音量以及打击乐器的不同敲击、力度和配器等方面的变化对比，生动地描绘了鸭子拌嘴的情景。

所以选用这些乐曲，是因为可爱的小鸭子本来就是低年级学生所喜爱的动物。对于自己喜爱的东西，自然就能够引起兴趣和注意力，因此，它能够从一开始就抓住学生，将其带入到课堂情景中去。此外，这首乐曲能够让学生充分发挥想像力，想像出鸭子蹒跚而行、扇翅入水、追逐嬉戏的动作，并栩栩如生地表演出一群饶有风趣的鸭子的可爱形象。学生在表演中练习动作，其形象思维能力也得到了启发和培养。

【活动目标】

1. 遵循形体教学教育性、科学性、童趣性的原则，对学生进行音乐鉴赏、思维表现及身体协调性训练，陶冶其心灵情操，健美其体能体魄。

2. 通过欣赏音乐和表演动作，既发展学生的形象思维能力，又培养其肢体语言的表现能力以及相互间的交流合作能力。

3. 为学生创造一个宽松、和谐、民主的教学环境，培养学生的学习兴趣，使学生学得愉快，学得积极，对所学的内容始终兴趣盎然，勤思索、记得牢、学得好。

【活动准备】

动作的运行、身体姿态的美与丑取决于身体各部位，如肩、胸、腰、臀、腿等关节的灵活性和柔韧性，所以对其学生进行基本的动作训练是必不可少的。首先要练习压腿、下蹲、小踢腿、踮脚跟等，在逐步练习中，让学生的身体部位、关节具备"直、绷、软、开"的条件，以达到身体素质方面所需要的各种功能。

【活动过程】

1. 听音乐，导入新课情境

导入这一环节,决定着学生对本节课的情感投入以及兴趣的建立,所以是至关重要的。在实施课堂教学过程中,我先播放音乐《鸭子拌嘴》,而且自己随音乐做动作表演,让学生猜猜老师的动作谜底是什么。由于孩子的形象思维能力较强,同时又有课外知识作辅助引导,他们很快猜出:"老师,您表演的是一只可爱的小鸭子。"我随即引导他们:"你们真聪明!这首乐曲是描写鸭子一天的生活。你们听听他们在一天里都做了些什么?"在教师的引导下,学生兴趣倍增,都聚精会神地听音乐中的故事。由此,学生的兴趣与注意力被顺利地引入到新课教学的情境之中。

2. 讲故事,启发动作语言

听完《鸭子拌嘴》之后,请学生讲出故事情节:天刚蒙蒙亮,鸭棚门一打开,一只小鸭子急忙蹿出门,"嘎嘎嘎"地欢叫起来。鸭妈妈紧跟在后面,拉开嗓门与小鸭子对唱着。鸭群也随着它们一拥而出。鸭群来到河边,争先恐后地跃入水中,尽情嬉戏,有的喝水,有的振翅,有的欢叫⋯⋯突然,两只鸭子因争鱼吃而吵了起来。那吵闹声此起彼伏,互不相让。最后,还是鸭妈妈出面劝解,平息了这场争吵⋯⋯天色渐渐暗了,鸭子纷纷跳上河岸,抖落羽毛上的水珠,你追我赶往回跑。

教者进而引导学生用准确、简洁的语言描述鸭子的动作并且模仿动作。联系故事情节,学生的思维再一次活跃起来。他们都争先恐后地描述、模仿:"我觉得鸭子走路比较缓慢,还摇摇摆摆。""它有和鸟一样的翅膀,所以它能扇动翅膀,跳入水中。""两只鸭子,伸长脖子在抢鱼。""还有的在游泳、戏水。"教师根据学生的讲述适时地对其动作进行启发、纠正、规范,同时带领学生整体练习,这样在不知不觉中完成了第一步的动作教学。

3. 分角色,用情感美化动作

在完成动作练习的基础上,我组织学生按照故事情节进行连贯的动作表演。首先,将全班学生分为三组轮流进行表演;其次,按表演的需要分配角色:调皮的小鸭子、鸭妈妈、两只吵嘴的小鸭子、群鸭。此时,学生参与的热情更加高涨。伴着欢快的乐曲,登台的学生尽情地扮演着他们心目中的"小鸭子",惟妙惟肖,如痴如醉。没有轮到表演的小组在一旁观看、评价、体会。在进行完一轮表演以后,根据各组的表现和评价意见,教师引导学生进一步地听音乐并完善动作。最后,选出优秀的扮演者进行总结性的表演。

4. 再复习,巩固动作要领

为了让学生将动作记住、练熟,我对学生说:"鸭子的一天生活真热闹,让我们来数一数有多少只鸭子吧。"紧接着,教师用《数鸭子》的音乐带领学生进行巩固练习。

这首《数鸭子》歌曲,具有说唱风格,旋律优美,极富童趣,学生很喜欢。因此,他们都随着音乐的节拍兴奋地和老师一起"数鸭子",在活泼、欢快的音乐中复习了动作,掌握了动作要领。

【活动评述】

形体课属校本课程,没有教材作参考。这就需要我们教师依据课改的要求和学生身心发展的特点来设计、组织教材。教学中,如果还是按部就班地让学生听口令进行一招一式的训练,学生就会感到枯燥无味而兴致尽失,继而不想上形体课。所以,上好形体课,就要充分挖掘教材,在丰富音乐情感的同时,组织学生进行形体训练。学生并不是机械地模仿动作,而是在美妙的音乐启发下,抒发自己内在的、真实的情感,赋予生命以动作,赋予动作以生命。《鸭子拌嘴》是音乐教材中的欣赏曲目。学生在欣赏时,缺少的正是"动",而形体课正好弥补了这个缺憾。这也使学科之间互通互接,符合课改的新理念。形体教学是离不开音乐的,因为音乐是动作的灵魂。教师要从学生年龄、身体素质、技术水平、接受能力等方面考虑去选择合适的音乐来组织形体课教学。在教学中,要给学生创造思维和想像的空间,发挥他们思维和创造的能力,使其学活动作、演活动作,让形体课教学真正做到教育化与艺术化相结合,从而切实地培养学生的"高雅气质和美的意识"。

(深圳市南山区卓雅小学　谢淑媛)

快乐的小猴子

【设计理念】

"快乐的小猴子"这一课时以"小猴子"这一大家都喜欢的动物为主题,指导学生进行体育锻炼。学生在"小猴子"的诱惑下跟随老师进行体育锻炼,既锻炼了身体又产生了浓厚的体育兴趣,同时也体现了孩子们天真活泼无忧无虑的快乐心境。

体育课程应该是开放而有活力的。把学生的体育学习与其丰富的课余生活联系起来,符合学生的学习生活需要,引导学生利用小猴子锻炼身体,拓展学习的领域和空间,在生活中学习体育,在快乐中进行锻炼。

【设计目标】

1. 使学生初步了解各种姿势跳跃的动作方法。
2. 发展学生的跳跃能力,增强下肢力量,提高学生身体的协调性。
3. 培养学生团结合作的精神、大胆创新的意识和勇敢顽强不怕困难的大无畏精神。

【活动过程】

一、准备部分

1. 学生站四列横队,教师组织学生。
2. 师生问好,听教师宣布课的内容与目标。导入:今天这节课的内容非常丰富,先让我们到森林里去看看小猴子是怎么站队的。

二、小猴健身操(音乐伴奏)

学习儿童健身操大众一级第一节(1—4个八拍)

(1) 原地踏步

(2) 踏步加胸前转小臂

(3) 左右呼唤

1. 教师导入:刚才同学们做得很好,整齐到位,现在让我们来模仿小猴健身操,看看小猴子是怎样健身的。
2. 学生听音乐看教师,模仿教师的健身操动作。
3. 随音乐师生同做韵律操。
4. 分组由小组长带领各组练习。
5. 巡视指导学生动作。
6. 小组进行自我评价。
7. 各小组选出代表进行表演比赛。
8. 教师及时鼓励和表扬学生的表演。

三、游戏：小猴子穿山洞

（一）方法：将学生分成人数相等的四列横队，每队相邻两同学手拉手举过头，教师发令后，从排头起，每人依次从搭起的山洞穿过，到排尾与同学组成新的山洞，直到所有的同学都闯过山洞为止。穿过一次，恢复原来的队形，先完成的队为胜。

（二）规则：每一个山洞都要穿过。

1. 给学生讲解游戏规则，教师示范给学生看。
2. 选几个学生试做，其他学生进行总结。
3. 教师发令引导学生游戏，学生分组进行比赛。
4. 学生积极大胆地展示自己的能力。
5. 教师巡视指导游戏和评价。

（三）情景渗透：

小猴子要回家，但要穿过好几个山洞才能到家，同学们帮他想想办法，小猴子怎样才能快速穿过山洞？

（本环节的设计意图有三：一是激发学生的表达欲望，学会在日常生活中注意观察；二是促进学生的身体语言积累，学习恰如其分地表达自己的情感；三是指导学生学会合作交流，明白学习体育的根本目的就是为了合作达到成功。）

四、游戏：小猴子摘桃吃

（一）规则：学生跑到挂有小球的绳底下，跳起用手碰球，碰到球的同学则为摘到桃子，然后迅速返回与第二名同学拍手，第二名同学继续。

（二）学生分成四个小组进行摘桃比赛，看那一组摘得快。

1. 教师讲解摘桃游戏的规则与要求，对学生及时评价。
2. 学生试做，其他学生总结。
3. 学生分组进行游戏。
4. 学生可充分发挥跳起触球，各种跳起的姿势都可以。
5. 教师作裁判，并巡视指导动作，发现好的同学及时评价。
6. 学生分组讨论什么姿势跳得高，组织跳得高的同学做示范。

（三）情景延续：小猴子穿过山洞后就感觉饿啦，于是小猴子就摘桃子吃。

五、放松运动

1. 放松操
2. 小节
3. 整理器材，下课。

【活动评述】

这个课例设计主要是根据课程标准水平一设计的，体现快乐体育的学习观念，集中体现课余生活与体育的关系。这个设计主要有以下三个特点：一是将课余实践活动与体育课堂教学有机结合起来，使二者互为补充；二是注重学生个体体验的层次与引导，强化老师与学生，学生与学生之间的对话；三是把情感体验与理解课堂内容、身体表达和正确价值观的形成等融为一体，实现教学目标的多维整合。

（深圳市南山区月亮湾小学　邓伟勋）

"小花猫"捉"小老鼠"

【设计理念】

运动兴趣和习惯是促进学生自主学习和坚持锻炼的前提,重视学生运动兴趣的培养是实现体育与健康课程目标和价值的有效保证。游戏是少年儿童比较喜爱的一项身体活动,通过它可以培养学生的运动兴趣和习惯,发展身体素质,提高运动能力,可以培养学生独立思考和判断的能力,自觉控制自己不符合规则的情绪和行为。本课在设计上抓住学生熟悉的小动物特点,突出学生主体地位,充分发挥游戏的功能,教师在运用语言法教学时注重学生对规则的理解,讲解时应通俗易懂、声情并茂,运用肢体语言感染学生,使学生产生活动的欲望,为进入游戏角色创设运动情境,使学生在教师的引导下有序地完成每一小节的活动。

【活动目标】

教育学生发扬团结协作、勇敢顽强、机智果断等优良品质,激发学生对体育活动的兴趣,提高学生机体的兴奋性,寓教于乐,既达到了锻炼身体、提高身体素质的目的,又潜移默化地发展了学生的心理健康水平,使学生认敌友、辨善恶、识美丑,加强群体意识和自我意志的锻炼和培养。

重点难点:在游戏规则下进行活动,发扬集体团结的力量。

【活动准备】

1. 教师要提前布置学生自己制作小花猫和小老鼠的头饰。

2. 课前教师检查头饰的制作和准备情况。

【活动过程】

1. 集合队伍,展示学生制作的头饰,教师和学生交流。

2. 自己选择角色戴好头饰,"小花猫"和"小老鼠"一起活动。

(1)"相反"口令练习:教师口令"向左转",学生应向右转;教师口令"向右转",学生应向左转。

教师口令"立正",学生应稍息;教师口令"稍息",学生应立正;教师口令"向后转",学生不动。

(2)"找朋友":学生成一路纵队,成圆形慢跑,在行进中教师发出指令,学生听到指令立即按要求几人一组站好,即找到自己的朋友。指令可以是数字,也可是指定猫鼠的数量。

3. 听老师讲"猫"和"老鼠"的故事,简要说明老鼠给人类造成的危害,教师提议做游戏。

方法一：全班同学围成一个圆圈，手拉手站好，选派一名学生扮作猫，一名学生扮作老鼠，进行追捕游戏。

方法二：方法同上，按性别分组，继续游戏。

方法三："画地为牢"，在指定范围内游戏。

（1）先让男学生扮演"小花猫"，女学生扮演"小老鼠"，"小老鼠"四散在场地周围找食物，准备"偷"东西吃，"小花猫"要把"小老鼠"抓到牢笼里，在指定的时间内完成；

（2）男女角色互换；

（3）学生自己选择角色进行游戏。

【活动评述】

本课较适合水平一和水平二的学生，选择游戏内容为本课主教材，充分地考虑到少儿的身心特点，选择老鼠作为丑恶事物的代表，教育学生扬善除恶，学做勤劳的"小花猫"。主教材前面安排了一个辅助游戏和相反口令练习，是为了进一步提高学生的注意力，加快学生的认知过程，使学生能积极投入到游戏活动中来。在游戏组织方面，先按班集体为单位，后按性别分组，把游戏逐渐深化，由浅入深使学生易于接受，逐渐达到本课目标。游戏结束留下思考问题，让学生养成勤于思考、善于观察的好习惯。本课符合新课程标准对教师选择教学内容的五点基本要求，由于不受场地器材的限制，可在各地方开展，角色扮演给学生以想像空间，课堂气氛较活跃，学生的身体、心智方面都会得到较好的锻炼和发展。

（深圳市南山区沙河小学　邵军辉）

前 滚 翻

【设计理念】

本节课的教学对象是小学二年级的学生,从学生的整体水平来看,身体素质、技能、技术都相对较弱。所以,这堂课以提高学生的身体素质为主,着重抓学生灵敏、柔韧素质的练习,并辅助一些其他的身体练习,从而达到综合提高学生体质的效果。通过游戏,启发学生对体育学习的兴趣,并在此基础上提高学生的反应性和灵敏性。

【活动目标】

1. 通过本课教学内容,培养和发展学生的想像力和活泼、上进、刻苦、善思、竞争、参与、团结友爱等优秀品质。

2. 使学生了解前滚翻动作要领和前滚翻基本方法,使大部分学生初步学会前滚翻的团身动作的基本方法,提高和发展学生灵敏、协调、柔韧等身体素质。

3. 使每个学生都能体验到成功的乐趣,以满足自我发展的需要。

【活动准备】

1. 体操垫45块。

2. 课前教师检查学生着装情况。

【活动过程】

1. 集合队伍、师生问好!

2. 游戏:踩影子(方法略)

学生两人一组进行游戏,进行一分钟后交换角色,练习2次。

3. 学生每人一块体操垫,自己做任意方向的滚动,体验和发现滚动的方法和技巧。给学生讲述身体滚动及前滚翻在生活和体育运动中的应用及其对身体的保护作用,如:足球、橄榄球等对抗性很强的比赛项目中,运动员会经常出现摔倒的情况,运动员为了保护自己,最常用的方法就是在身体落地时做各种滚翻动作,以避免受伤或减轻受伤的程度。

① 左右直体滚动

② 左右屈体滚动

③ 屈体前后滚动

4. 在学生进行亲身体验后,教师请学生讲一下自己的感受,可提问"哪一个方向滚动比较容易、哪一个方向滚动比较困难,为什么""如果要进行前后滚动,这样才能滚得圆滑"。教师对练习进行完整的示范,使学生对所练习的动作有一个整体的认知。

① 学生在教师的口令引导下进行团身练习(低头、团身、抱腿)。
② 仰卧团身前后滚动练习
③ 前滚翻练习
两脚蹬地后,两腿伸直,保持屈体姿势,背、腰、臀依次着地向前滚动。
5. 游戏:套圈—前滚翻接力
距离为 10 米,学生分为四组,中间一张体操垫,体操垫与起点和终点线之间各放一个呼啦圈。
游戏方法:教师发令后,各队排头学生迅速跑出钻过呼啦圈,前滚翻,再钻过呼啦圈后到终点线直接返回本队,击第二人的手掌,第二人依次法再做,先完成的队获胜。
6. 放松活动
7. 本课小结,对本课表现好的学生进行表扬。

【活动评述】

准确合理地处理教材,安排教法,是影响教学质量的重要因素,其中重要一点,便是如何将教材重点、难点突破,以达到让学生理解、掌握动作的目的。动作的重点难点要由教师反复示范,着重指出,一堂体育课中要重复多次。学生初学,年龄比较小,教师的讲解,学生不一定掌握很多,对动作的了解多数依赖观察,但是此项动作迅速连贯,不容易让学生看清楚,分解教学又容易使学生产生错误认识,形成分解做动作的习惯,忽视了迅速连贯的特点。如能运用多媒体教学软件进行授课,就会避免上述存在的问题。

本课适合水平一和水平二的学生,使学生初步学会前滚翻动作,促进肌肉、韧带的发展,提高滚动能力,培养克服困难、勇敢顽强等品质。前滚翻教学的重点是抬臀、低头、蹬腿的协调配合,难点是低头团身似球。

在教学中要采用多种教法和手段,激发学生的学习兴趣,营造宽松的教学氛围。要重视学生在学习过程中的探究与分析。教师在教学中应想方设法为学生提供自主学习的机会,同时使学生的需要和情感得到体验,培养学生独立学习的能力。

(深圳市南山区沙河小学 叶和平)

礼始礼终　　强身健体跆拳道

【设计理念】

本次课立足于促进学生的发展,面向全体学生,以学生为主体,根据小学生的生理、心理需求的特点,以游戏贯穿整节课,将学生的兴趣和激情融合在一起,增强同学之间、师生之间的交流与合作,充分展示小学生的活泼及可爱。根据低年级学生对展示、比赛感兴趣的心理特点,通过动作展示表演激发学生学习、表现和创造的欲望,培养学生积极、主动的学习精神。在教学环节的设计上运用"过人蛇行跑"、"快速踢靶"的游戏来激发学生的学习兴趣,再通过分组练习使学生独立思考和探索动作要领,以达到本课的教学目标。

【活动目标】

1. 激发学生积极参与练习活动,培养学生的运动兴趣和坚持锻炼的习惯。
2. 培养学生合作与交流能力。
3. 发展锻炼学生的跆拳道基本腿法和高尚的品德修养,让学生了解跆拳道的基本动作,培养学生防身自卫的本领和见义勇为的精神。

【活动准备】

课前准备好场地及所需器材。跆拳道手靶十二个。

【活动过程】

一、利用游戏调动学生学习兴趣。

随着课改的深入进行,学生是越来越爱上体育课了。尤其是新兴的深受广大人喜爱的体育项目——跆拳道,不仅培养坚忍不拔、敢于竞争、团结合作的意志品质,尤其讲究未曾学艺先学礼,未曾习武先习德。

开始上课时我问学生:"小朋友们,今天我们先做一个'过人蛇行跑'游戏好不好?"孩子们顿时欢叫起来。

"大家知道怎么玩吗?"我接着问。

学生齐声回答说:"知道!"

"好,那我们先来围成个大圆。"

在我的带领下学生围成了一个大圆圈,然后按顺时针方向每一位同学按照蛇行步有顺序地穿过其他围圆圈的同学。

这个环节实际上就是过去教学中的准备活动。这样的设计意图就是从课的开始就调动学生学习的兴趣,在欢快的气氛中进行游戏活动,增强学生参与活动的积极性,同时在活动中使腿部和髋部得到充分的活动,为下面的压腿和踢腿做好准备。

二、修身养性、礼始礼终

提起跆拳道,更多的人首先产生的联想就是打斗。其实,像所有其他形式的武艺一样,跆拳道也受自己独特的民族传统和文化背景的影响,在跆拳道中也有极深的内涵和丰富的哲理。

师:我想问问大家知不知道跆拳道是起源于哪个国家啊?

生:韩国!

师:那大家知不知道我们学习跆拳道首先要学习什么呢?

生:知道,礼节!

师:好,大家说得都很好。跆拳道讲究"以礼始,以礼终",跆拳道练习者给人们留下较深的印象就是会在不同的场合行礼鞠躬。这是因为跆拳道练习者始终把"礼"作为训练内容。

生:那我们都要给谁敬礼啊?

师:这位同学问得好。咱们练习跆拳道,通过礼节的方式,向长辈、教练、老师、同学鞠躬施礼,使我们养成发自内心的行礼习惯,以养成恭敬谦虚、友好忍让的态度和互助互学的作风。只有你尊重了别人,别人才会更尊重你。

生:明白了!

师:好,下面我给大家示范一下行礼节的动作要领。

生:老师我们可不可以现在跟您一起做啊?

师:当然可以啊。两脚并拢,身体成立正姿势,上身向前倾30—45°角,头部微微抬起,鞠躬后再成立正姿势。

课堂上礼始礼终的气氛感染着每一位小朋友,学生积极主动地参与活动。

三、强身健体和防身自卫

师:老师今天看到同学们的表现非常好,首先做一名有礼貌的好孩子,然后我们现在先做个"快速踢靶"游戏好不好?

生:好!

师:好,那我们分成四组,每小组有三位同学来拿靶排成一列,共四列,其他同学按顺序用"前踢"迅速连续踢过三个靶。好,大家明白怎么做动作吗?

生:我们试试。

师:如果自己刚开始做不好的话不要紧,多练习几次熟练就好了。髋关节向前放出去,弹小腿要有爆发力,脚尖绷直。

生:快速连着踢腿有点连不好。

生:踢完每一腿后脚落地也要快速,然后跟着下一个动作连贯起来才会更快一些。

生:老师,我在起腿的时候怎么手也老是往上甩啊?

生:……

全班同学都在积极发问,把自己的感受都说出来。教师对积极发言的同学给予肯定,同时给予表扬和解答。

教师又以小组的形式让同学们自行练习跆拳道基本动作(前踢、横踢),并纠正错误,鼓励表扬积极的学生。最后,所有同学分小组共同踢靶展示,小组长喊口令,教师表

扬各小队,并鼓励同学们继续努力。

【活动评述】

本课始终正确地评价学生的成功和失误,以积极鼓励的态度和语言激励学生们的学习热情,"礼始礼终"的思想贯穿整节课,教师及时对表现突出的学生提出表扬,增强学生的自信心,使学生了解跆拳道的礼仪及基本的技术动作,并通过集体表演培养学生们自信、勇敢、刚强的意志品质,使其身心健康得到全面发展,充分体现新课标"健康第一"的指导思想。

(深圳市南山区实验学校　高宁宁)

很高兴和你跳舞

【设计理念】

现在的中学生由于青春期的到来,生理和心理都发生了不同程度的变化,男女同学之间变得害羞起来,异性同学之间的交流变得越来越少。为了让同学们能在学习、生活和思想上正常交往,加强交流,我设计了跳国标华尔兹的教学内容,积极引导学生,鼓励学生相互之间的正常交往。

【活动目标】

1. 了解华尔兹的由来,学会跳舞的礼仪。
2. 感受和体验与异性同学进行活动交流时的情感流露,提高社交能力。
3. 最大可能地表现出自信。

【活动准备】

1. 让同学们了解华尔兹的舞蹈形式,要求同学们在活动时做到大方、自信、主动,消除彼此之间的隔阂。
2. 同学们相互交流有关华尔兹的资料。

【活动过程】

活动一

课堂常规之后,男女同学分别复习华尔兹的基本舞步。

男女同学分别复习华尔兹的基本舞步。注意姿态的优美、舞步的准确、重心的起伏。老师统一节奏,同学们集体练习之后自由练习。

活动二

1. 男女同学分别复习华尔兹基本舞步结束后,老师要求一个男同学一个女同学自由组合配对,组成一对舞伴。(同学们要大方、亲切、自然。)

老师要关注没有能自由组合配对成功的男女同学,鼓励男同学积极主动地邀请女同学做自己的舞伴,同时也鼓励女同学礼貌地接受男同学的邀请。

2. 看老师示范,相互配对的男女同学相互牵手。(要求同学们克服害羞的心理障

碍,男同学主动伸出手邀请女同学。)

老师积极关注每一位同学的表现,对特别内向、害羞的男女同学要积极亲切地引导,鼓励他们大方地参与活动。

3.配对的舞伴相互配合,做好华尔兹的起步预备姿势。

老师观察同学们的表现,对表现大方、自信的组合给予鼓励,配合不好的组合鼓励他们多交流,找出动作不到位的原因,及时进行纠正。

4.听节奏两人配合练习华尔兹基本舞步。

老师尽量关注到每对同学的表现,对配合熟练、默契的组合及时鼓励、表扬并给同学们做示范,其他同学要仔细观察,同时两个人交流总结,找出问题所在,寻找默契。

5.配合音乐,尽力地表现自己、表现情绪。

活动三

要求同学们重新进行配对,自由选择新的舞伴。男同学要积极主动邀请女同学,并且要很有风度,像绅士般地说:"你好,请你一起跳舞!"女同学也要热情应邀并礼貌地回应"谢谢"。在新的组合配对中重新认识、了解对方,达到默契、熟练的程度。

【活动评述】

在课堂教学活动中设计异性同学相互合作学习、共同提高,为他们的思想沟通、语言表达、方法交流提供了一个平台和机会,在和异性交往中克服心理障碍,态度亲切自然,鼓励同学们学会适应不同的环境、不同的对象、不同的方式,培养他们的社会适应能力是很有必要的。经过课堂实践,男女同学之间的交流加强,情感拉近了。

(深圳市南山区实验学校 程 磊)

小 青 蛙

【设计理念】

在教学中牢固树立健康第一的思想,根据水平二课的要求和小学生天性好玩、模仿能力强的特点,通过游戏、表演等活动,启发学生的思维和创造能力。

结合学习教改思想精神,选用情景教学"小青蛙"作为教学内容,把小青蛙"过河"、"穿山洞"、"去捉虫"、"欢庆拼图"等情景展现在学生面前,通过让学生扮演他们所喜爱的小动物,以游戏贯穿全课,采用图片和模仿练习相结合的方法,调动学生视、听等感觉一起参与学习活动,使学生一上课就感到生动有趣、形式新颖、情景交融,整个练习过程处于"乐中练、动中练、玩中练"的氛围之中,以此培养学生不怕苦、不怕累的团队精神,同时提高学生力量、协调等综合素质。

【活动过程】

开始上课时我提问几个学生:"有谁知道小青蛙吗?"

"能吃稻田里的害虫。"有的同学说。

"青蛙是益虫。"

"青蛙的肉很好吃。"

我马上问这位学生:"你知道吗? 人类如果把青蛙吃光了,谁来保护我们的粮食不被害虫侵犯?"他说不上来了。我当时安慰他说:"今天明白这个道理就好,以后要制止家长和他人乱吃青蛙,好吗?""好!"

随后我又问:"谁见过青蛙过河? 来模仿一下。"这一下激发起学生的积极性。

于是按男、女分成两大组,每组在两名正、副组长带领下自我创造、发挥,老师巡视、辅导。我特别注意与学生之间的交流,不断给予肯定和赞扬,必要时我也示范几种跳绳的方法,让学生自由发挥,让他们在欢快的气氛中完成跳绳动作的学习。

接下来是"穿山洞"游戏,学生自由结合分成四组,组与组之间有一个同学负责,在固定位置用呼啦圈做洞口,我让学生自编穿山洞的动作,学生纷纷演示自创动作。然后,又提出集体穿山洞,比一比哪组做得最好。同学们开始相互帮助、相互鼓励,在欢笑声中进行着比赛。

最后,稍做休息,我带领同学们进行拼图练习,庆祝胜利,评出"智慧奖"。借此我又对学生进行保护自然界生态平衡的教育,让思想教育有机地渗透在教学过程中。

【活动评述】

这堂体育课,采用比较宽松自由的学习方式,突出学生的主体地位,让学生开放思维,鼓励大胆尝试,体验成功的喜悦和自我价值的实现。

(深圳市南山区学府小学　张长勇)

太极忌太急

【教学内容】

八年(1)(2)班男生普遍具有男孩子的明显特点:活泼好动。在体育课中这两个班是典型的喜动不能静的集体。为了调节同学们的情趣,让这两个班的同学既能动又能静,做到动静结合,全面发展,特将太极拳选定为本次公开课的教学内容,力图在学习的同时调整学生的身心,并让学生在学习中体会中西方两种不同背景的文化与太极拳练习是否能够融合。

【设计理念】

本课教学主要突显教学过程中的动静结合,使学生在整个学习过程中,学会在运动中对自己的身心进行控制和调节。

本课以健身操作为学生的热身活动。健身操起源于美国,80年代初传入我国,它的特点是热情并具有活力。太极拳是中国的传统文化,它的魅力已吸引了整个世界。

本节课将太极拳选为主要教学内容,不单单是让学生学会几招简单的太极招式,更主要的是让学生通过本次课的学习,对太极拳这种中国的传统文化有一个初步的了解。

在课的后半部分,安排学生课内分组练习。根据心理学原理,学生长时间地保持全身心高度集中的注意力水平,会使学生内心产生躁动不安的情绪,所以在课的后半部分安排学生根据自己的兴趣,进行不同的课内分组活动,使学生的身心得到舒展,体会运动给他们带来的乐趣。

【活动目标】

认知目标:通过学习使学生对中国的传统体育太极拳有一个初步的了解。

技能目标:通过学习使95%的学生掌握太极拳前七式的基本动作要领。

情感目标:使学生通过积极思考、讨论体会学习的乐趣。

【活动准备】

1. 室内体育馆整个场地。

2. 音响一套。

3. 健身操伴奏CD一张、古筝弹奏CD一张、《铁达尼号》主题曲伴奏CD一张。

4. 太极服一套。

5. 各种球类及器材若干(由于器材室就设在体育馆内,所以无须特意准备)。

【活动过程】

一、健身操（配乐）

领操员采取自愿方式选出，由学生领做，这样可以培养学生在众人面前表现自我的能力。练习结束以后，教师在这里简单介绍给学生一个知识点：健身操起源于美国，80年代初传入我国，它的特点是热情并具有活力，然后直接切入本课主题。

二、太极拳学习

对于现在的中学生来说，无论是港台还是大陆的各种功夫片，大家已经看过不少。这时教师就可以通过提问的方式，引导学生的兴趣。

师：相信现在老师面前的每位同学无论是在电视上还是在电影中都看过不少的功夫片吧？

生：是……

学生呐喊着，有的学生已经开始忍不住要多说上几句。

生：电视中的那些武侠片好厉害啊！老师你能教我们几招吗？

师：电视中的大侠个个都豪气冲天，惩恶扬善，是我们学习的好榜样。但学习功夫不光是为了出去打架，更重要的是强身健体，调节身心。你们想想，现在的中学生是不是有很多人争强好胜？易怒？经常跟别人吵嘴甚至打架？在生活和学习中能动不能静？

很多同学默默地点头。

师：同学们想知道怎样才能克服自己心理上的这些问题吗？

生：老师你就说吧，别卖关子了！

师：大家知道中国的武术门派有哪些吗？

生：少林、武当、太极、南拳、北腿……

同学们开始七嘴八舌地说起来。

师：今天，老师带给大家的就是最具中国特色、最具深厚文化底蕴，不但东方人喜欢而且西方也有很多人喜欢的太极拳。

师：太极拳以柔克刚，动作舒缓，通过练习可以舒缓神经，使同学们变得心平气和。

师：同学们有谁知道太极宗师是谁？

生：李连杰。

这引得大家哄堂大笑。

生：是张三丰，也叫张无忌。

随后，教师简单介绍一下太极拳的历史及练习太极拳的好处。然后，教师用语言进行提示。

师：请同学闭上眼睛，让老师带你们走进张三丰的太极世界。

师：请同学们闭目冥想，自己站在蔚蓝色的天空下，阳光和煦，微风轻轻拂过脸庞，空气清新……

师：请同学生慢慢调整呼吸。吸气……呼气……吸气……呼气……慢慢睁开眼睛。

通过语言的暗示和调整，同学们能从一个相对兴奋的状态进入一个相对平静的状态。然后开始太极拳教学。教师还要通过标准柔和的肢体语言去吸引学生，使其真正

迈进太极世界的门槛。太极拳是一个静力性很强的体育运动,学生很容易疲劳,教师要不断鼓励学生有克服困难的勇气。教师不断用语言提示学生,让学生对自己有信心。

三、中西方两种不同风格的音乐配以太极拳练习

学习结束之后,教师将两个班的同学进行分组练习。几分钟之后,让两个班的同学配以中西方两种不同风格的音乐进行太极拳练习,每班选出一名同学领做。当两个班的同学配以不同风格的音乐进行完太极拳练习以后,教师进行提问。

师:老师今天看大家在练习中都非常投入,每个人都在用心去感受太极拳带给我们的独特的魅力。请同学们思考一下,到底是中国古典音乐配太极拳练习好?还是西方的音乐配太极拳练习好?

同学们七嘴八舌地讨论起来。

生:我觉得太极拳配中国的古典音乐好。

师:为什么?

生:因为太极拳是中国的传统文化,就应该配中国的古典音乐进行练习。这样的搭配相辅相成。

生:我也同意这位同学的看法,我觉得太极拳配上中国的音乐,这样才是"正版"的,否则就是"盗版"的了。

下面的同学一片笑声。

师:那就请同学们在生活中也要支持正版、拒绝盗版。这位同学说得很好,但中国的太极拳配以西方的音乐到底算不算是盗版,我们还要进一步地探讨,同学们还有没有其他不同的意见?

生:我觉得太极拳配西方的音乐进行练习也挺好的。这种所谓的西方音乐,其实,它不单属于西方,同样也可以被东方人所接受。这就说明,音乐是没有国界的。

师:这位同学说得很好,很有自己的见解。

生:太极拳是一种动作舒缓、柔和的运动,只要配以舒缓、柔和的音乐就可以进行练习,不管是西方的音乐还是东方的音乐。

生:可以配合西方音乐进行练习……

生:不可以配合西方音乐进行练习……

同学们的争论不绝于耳。由于在前面的学习中安排太极拳学习的招式过多,尤其对于初学者来说接受起来有些困难,所以在教学中耽误了一些时间。本打算让同学们有十五分钟左右的活动时间,但现在只剩下不到十分钟的时间了。当同学们听到可以活动的时候,现场气氛当时就热烈起来。

由动到静让同学们体会了心灵上的平和,再由静到动,让同学们体会到了身心的舒展。再加上让同学们对代表中西方两种不同文化的音乐配合太极拳进行练习并讨论,丰富了同学们的精神内涵,增强了对民族传统文化的认识。

最后,老师安排了游戏,主要针对下肢的放松活动。然后,老师进行小结,并提问大家上这种课的感受。

生:在打太极拳的时候让我体会到了心灵上的一种平静,但持续的时间不长。

生:安排太极拳学习时间过长,活动时间过短,而且太极拳有点难。

师:老师会接受大家的意见,并在今后的教学中做出改进,适当减少每节课太极拳学习的招式,适当增加活动时间。

师:我们现在是学习太极拳的初级阶段,太极拳博大精深,要想探究太极真正的内涵,体会太极那种至高无上的境界,还需要我们在今后的学习和生活中不断去钻研和体会。

把今天课堂上讨论的问题,作为课后作业,让大家在课下去积极思考,也可以上网或到图书馆查找一些相关的资料,下节课继续探讨关于太极的话题。

【活动评述】

整个教学活动,不仅仅是让学生单纯学会几个太极拳的招式,更重要的是让学生积极动脑去思考,太极拳作为中国的一种传统文化,是否能与西方文化背景下的西方音乐相融合,让同学去思考和体会两种风格有所差异的文化在此能否进行交流,通过本课动静相交的教学模式,让学生在动静之间体会对自身行为能力的控制和对情绪的调节。

(北大附中深圳南山分校　丁文武)

学生为主 快乐体育

【设计理念】

学生的学习兴趣是提高教学质量的关键。因此,在教学实践中必须采用积极有效的"激趣"方法,从而使学生积极主动参与学习。在武术教学中,常常发现学生由第一次课的情绪高涨,逐渐变得情绪低落,个别还产生了厌倦情绪。产生这种状况的原因是教师在教学方法上存在一定的问题。为此,我设计的这节课围绕健康第一、快乐体育的主题,通过多媒体课件创设各种情境,将体育与美术、音乐进行有机的整合,尽量让枯燥、单调的教学变得新颖、活泼、轻松,让学生的身、心、德、智在愉悦的活动中得到全面地发展,同时还注重学生能力的培养,特别是创造性思维的培养。

【活动目标】

1. 通过灵活多样的教学方法激发学生练习武术的兴趣和积极性。

2. 学生回忆并示范在电影录像之中学到的功夫动作。

3. 使学生掌握五步拳的武术套路,初步了解武术术语,如:弓步冲拳、马步架打等。

4. 培养主动观察同伴的动作的习惯,并能进行客观评价,养成鼓励他人、尊重他人劳动成果的良好品质。

【活动准备】

五步拳的动作分解挂图(分别挂在体育馆的四个墙角上);剪辑影片《精武门》的动作精彩片段(约两分钟);歌曲《真的汉子》;电脑和背投;课件。

【活动过程】

一、主要部分:五步拳练习

激趣引入:

全班学生分为四横队在背投前坐下,屏幕上分别出示李小龙、李连杰、成龙的人物像,让学生说出人物名字及他们分别演过哪些电影。

指名让2—4个学生自主表演自己掌握的看过的武术动作。

(小学生具有自我表现欲强的特点,教师利用这一机会给他们创设了一个展示的平台,将学生已掌握的学习资源与新的学习内容结合起来,激发了学生的学习兴趣。)

师:李小龙、成龙、李连杰他们是中国武术的代表,是我们学习的榜样。你觉得我们应该向他们学习什么?

生:学习他们的功夫,强身健体,保卫祖国。(师给予肯定和表扬。)

过渡:现在,我们就来欣赏武术明星李小龙在影片《精武门》里的精彩演出,感受武术的魅力。

教师播放影片剪辑,学生观看的同时教师对影片中的武术动作进行讲解,描述,激发学生对武术的兴趣及积极性。

(在教学过程中,抓住契机进行思想教育,让学生明白学武的目的在于强身健体,保卫祖国。)

在学习五步拳之前,师和生一起做准备活动:模仿操(生按体操队形散开,前后左右对齐)。

(1)看齐运动(2)投篮运动(3)起跑运动(4)毽球运动

(5)推铅球运动(6)乒乓运动(7)足球运动(8)滑冰运动

(9)游泳运动(10)竞走运动

二、基本部分

1. 学生自由散开欣赏体育馆内的挂图、自主模仿挂图里的动作,自由练习。师巡视,捕捉闪光点后及时表扬。

2. 集合,组织学生在背投前观看课件,师播放五步拳课件。

3. 师展示五步拳,做每一动作后要求生说出该动作名称。

4. 师:刚才同学们观看了五步拳的挂图、课件和老师的示范动作,下面请同学们动脑筋想一想,如何组织和串联这五个步行。

5. 生自由组合成小组,散开后各小组成员讨论,揣摩如何串联五步拳,自由练习。师随机巡视引导。

(师尊重学生主体感受,生经过思考、讨论后对五步拳的套路有了更深的理解,培养了学生的创造性思维,避免了单纯地模仿和机械地练习。)

6. 集合后,各小组派代表展示各组的五步拳串联动作。师结合各组情况进行表扬鼓励。

7. 师示范五步拳串联动作(动作稍缓),生观看后思考:老师的串联动作合理吗?师播放课件,与生一起观看五步拳串联动作,得出答案,师的示范串联动作是合理的。

8. 生成体操队形散开,模仿师的动作,练习五步拳的串联动作。(师根据不同的动作前后左右移动,选择最佳的位置示范给生观看,不固定于一个示范点。)

9. 师喊口令,生做相应的五步拳动作,师随机指导纠正生出现的不规范动作。

10. 生自由散开,自由选择学习伙伴,在小组内练习,小组内成员互相评价同伴的动作。(播放歌曲《真的汉子》)师巡视指导,引导学生客观评价同伴的动作,鼓励学生善于发现别人的闪光点。

(在武术教学中配以音乐伴奏,激昂的乐曲激发了学生的学习热情,在武术教学中进行了学科整合,达到了较好的教学效果。)

11. 全班表演五步拳:生按体操队形站好,师喊口令,生表演五步。生每做一个动作就发出"嗨"的叫声。

(让学生随着拳脚动作放声呐喊"嗨",形借力势,势用声威,使教学气氛活跃,学生学习热情高涨。由于大声呐喊,引起上课学生的注意,促使学生的注意力集中,原来有气无力的动作大为改观,动作质量大大提高。)

三、游戏部分

障碍托球往返接力,以两人为一组,手持两根体操棒托住一个实心球,通过三个障碍物:跨越平衡木、钻过跨栏、绕过标志杆。

1. 游戏组织:全班分为四小队,每队五组,每组两人,可自由选择合作伙伴。

2. 器材的摆放:除标志杆固定之外,各小队自主商量,自由摆放器材(即可以先横穿平衡木、钻过跨栏,最后绕过标志杆;也可以先绕过标志杆,往返时再钻过跨栏、横穿平衡木)。通过障碍物的时机也由学生自定。

3. 游戏要求:

(1) 要有勇敢的精神,快速通过每个障碍物,但要注意安全;

(2) 各小组相互鼓励,相互加油。

4. 游戏规则:四队同时进行比赛,先完成接力的小队为胜。

(通过这个游戏,培养学生遵守纪律、勇敢、顽强、机智、果断等优良品质,还使学生体验到了与他人合作的重要性。)

四、结束部分

组织学生跳社交舞:慢三。配以轻松的音乐使学生达到放松。以两人为一组,男女搭配相互手扶手,男生进二步,女生退二步,左右脚相互交替。要求步伐与音乐配合,轻松自然,体验韵律的美妙。

(一节课内有张有弛,让学生在轻松的音乐中逐渐放松,有利于下节课的教学。)

【活动评述】

传统教学中的学生处于从属和被动的地位,他们只能按照老师的安排进行练习以掌握某种运动,而本节课则体现了课改的理念,以学生发展为中心,重视学生的主体地位,真正发展了学生的主导作用,让学生的身、心、德、志在愉快的体育训练过程中得到了很好的发展。课堂上还将武术课与美术、音乐进行了很好的整合,让学生在锻炼身体的同时提高了审美情趣。

(深圳市南山区海湾小学 邓伟平)

平　衡

【设计理念】

　　学习运动技能是实现其他几方面学习目标的主要手段之一,从学生身体发展和心理需求的规律出发,依据《体育课程标准》的水平目标,选择平衡作为本课的学习内容,力求"通过多种练习形式发展平衡和协调能力",围绕与"健康有直接关系的体能"——平衡进行重点教学,由此对小学体育教学教材进行拓展与开发、提示与探索的大胆实践,同时也是对体育教学中单凭竞技运动项目分类的一次挑战,对注重平衡能力培养的一种呵护。

【活动目标】

　　真正使学生仿有童趣、练有情技、学有所得、习有所用。

【活动准备】

　　一、自制独特的"稳步器",以增添学生学习的兴趣。

　　二、创意挖掘"钢丝桥",改变硬地、硬物的平衡环境,使学生体验到"软着陆"。

　　三、人体平衡器官模型

　　四、主要组织图形、器材、动作说明

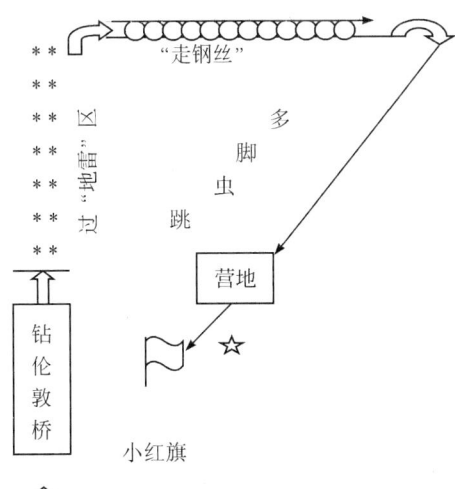

游戏:"走钢丝"图示

(两组钢丝全长约12—15米)

(1)"冲云天"(瑜伽平衡式等)

(2)"小飞机"(燕式平衡)

(3)"伦敦桥"(仰身平衡走)

(4)"梅花桩"(踩点平衡走)

(5)"多脚虫"(多人协作单脚跳)

游戏:"走钢丝"(循环平衡练习):

共两次:第一次先在钢丝上间隔铺垫物体
　　　　　后进行比赛
　　　　　第二次在比赛中边铺物体边进行
　　　　　比赛

"稳定器"上的练习:

1. "比谁立得久"(徒手与单器械的平衡)

2. "看谁站得稳"(双器械的平衡)

【活动过程】

一、来源生活　以趣导入

在教师的提示下进行与实际生活有关的游戏,其目的不仅仅在于激发学生的兴趣,还让他们感受到平衡在生活中的运用,同时也为后面的学习做铺垫,如在"飞吧飞"、"转啊转"的游戏中,我运用语言和音乐相结合的提示方法,在学生逐步进入状态的时候,抓住契机及时向他们简单介绍了平衡的知识、特点。

1. 师生共同回忆日常生活中的示例。
2. 进行尝试、体验。
3. 教师简述有关平衡知识。

二、模仿技艺　以情投入

学生在学习过程中最初是模仿,于是在教学中采取了刺激——模仿——感受——练习的手段,让学生首先感受到"鱼"的美味。

1. "冲云天"、"小飞机"、"伦敦桥"、"梅花桩"、"多脚虫"等。
2. "稳定器"上的练习。
3. "比谁立得久"、"看谁站得稳"。
4. 同伴帮助、保护下试走钢丝桥。

三、运用技艺　以险深入

学生在不同形式的平衡练习中对平衡的技术已相对了解,基本能完成一些简单的练习,为巩固和保持学生的学习兴趣,我选择了最能体现平衡的"软钢丝"作为练习器材,学生的兴趣完全被调动起来,一个个跃跃欲试。学生不怕困难,敢于挑战的精神面貌完全得以体现,充分体现了《课程标准》所倡导的"让孩子们在学习知识技能的同时,情感态度价值观得以健康发展"的理念。同时让孩子懂得一个道理:先天的不足,后天的努力也可改变。

游戏方法:依班级人数平均分成二队,稳步经过"地雷区",快速通过"钢丝桥",集体单脚跳回"营地"。

规则:踏"雷"者重回起点;全队通过先夺旗的队获胜。

四、评价方式　重在引导

激发学生学习热情,促进学生发展是评价的主要目的,而学生正确的评价观念还未形成,有待于教师的正确引导,如果老师一味说教反而不被学生接受。因此在方式上我采取了即时、即地、即兴地进行"小手掌"记录的评价方式,目的在于让学生较真实地勉励并能正确对待自己和同伴。

【活动评述】

整个教学活动,充分体现了教师对《体育课程标准》的深刻理解,在教学方法上注重了学生学习方式的合理选择,将教学用情景设置,进一步拓宽学生的学习空间,展示空间与思维空间。纵观全过程,无论是在课程改革的理念上,还是对实施《课程标准》的行动把握上,从教学内容的开发利用,到体育器材研制,从教学方法的创新立意,到教师主导的充分发挥,都体现了"一切为了学生的发展,为了一切学生的发展"的理念。

(深圳市南山区第二外语学校　卢　琼)

兴趣——迸发智慧的火花

【设计理念】

1. 通过不同的侧面,结合各种外来的因素充分激发学生的运动兴趣,培养学生自觉、积极地进行体育锻炼的好习惯。

2. 充分注意学生在身体条件、兴趣爱好和运动技能等方面的个体差异,让学生学会根据差异确定学习目标和评价方法,确保每一个学生有收获。

3. 以学生的发展为中心,重视学生的主体地位。

【活动目标】

1. 通过不同活动的设计,充分激发学生的运动兴趣,较好地培养学生大胆展示自我、学会自我评价的学习能力。

2. 让学生能充分体验学习的成功感、自豪感,并能用简单的语言表达心意。

3. 学会关心他人,能与同伴友好学习。

【活动准备】

1. 首先我设计了一个"读秒倒计时的集合比快的游戏",学生很快进入了状态。

2. 我打破了传统的一言堂式的讲述课堂常规的模式,首先让学生说说老师上节课布置的作业要求,即"自我准备器材,自我设计考试方法",然后我补充本节课的具体要求。

【活动过程】

师:同学们,老师上节课布置的作业完成得怎样?

生:(一片欢呼)我带了跳绳,我带了呼啦圈,我带了跳跳球,我带了健身车,我带了足球,我带了篮球……

师:老师今天非常高兴,你们准备了这么多的器材,让老师眼睛看花啦!你们今天要"八仙过海,各显神通",好好表现啊!

生:(哄堂大笑!)

这个时候同学们的眼光都注视着一个同学,我也很自然地转向了他,他就是班上一个很文静的男孩——饶任韬同学,于是我走到他的面前轻声问:"你没有带器材吗?那你今天准备考什么?"出乎我的意料,他说:"我带了,在我的口袋里。"他顺手就抽出了两张很漂亮的彩纸,并说:"这就是我的器材,我今天要折叠飞机和轮船,这是我最拿手的!"

生:(又是一片大笑!)

师：(我心理一动,多么可爱、多么天真的小孩啊!幸好我首先没有批评他,否则他心灵的创伤难以弥补!)同学们,等一会我们来好好地观看饶任韬同学的表演,好吗?

生：好!

师：下面我们就开始动脑子,利用自己的器材进行游戏活动,可以单独,可以几个人一起。

生：好!

这时我就播放事先准备好的音乐:《西游记》主题曲。学生一边跟着唱,一边在玩耍,有个人的,有组合的,热闹的场面真让人兴奋。

最后,全体同学红着脸蛋,抹着汗水围过来。

师：下面我们正式考试了

生：(鸦雀无声!)

师：今天考试这样安排,同类的器材为一组,然后各自展示自己的活动方法,我们集体打分。

这时学生一下又活跃开来,很快分成了几个小组,仅有饶任韬同学单独一个。于是我灵机一动,首先由饶任韬同学开始。他红着小脸轻轻走到前面来,拿出两张彩纸,低头蹲下去,一双灵巧的小手不停地在动,不到1分钟的时间,漂亮的飞机和轮船就成形了,并当场表演了几次,但由于较小,因而在空中飞行的时间短,一下子就坠地了,搞得我和全班的同学哄堂大笑,笑得他面红耳赤。你能说这样的场景不感人吗?于是我和大家都给了他一个满分,看着他一蹦一跳地回到了自己的位置,我心里好欣慰!接下来的考试场景更让人感动,有各种各样的个人表演,也有几个合作完成的。同类器材有多种多样的玩法,每一个动作都体现了小朋友开动脑筋,付出努力的结果,体现了他们的兴趣和爱好。

考试完了,一张张带着汗水的笑脸向老师围过来。

生：老师,我们考得怎样?

师：同学们,你们今天的表现太棒了,老师今天好高兴。

就这样一群天真活泼的孩子们跟在老师的后面向教室走去,家长们一片掌声……

【活动评述】

整个活动基本上都是在学生自主下完成,打破了传统的评价方法,从多元的角度去评价每一个学生,能调动学生的兴趣,充分挖掘智慧,让学生充分体验成功的快乐,这就是新课程理念下的评价体系。

(深圳市南山区海滨小学　陈　凯)

北京大学出版社
教育出版中心 精品图书

21世纪特殊教育创新教材·理论与基础系列

特殊教育的哲学基础　　　　　　　方俊明 主编 36元
特殊教育的医学基础　　　　　　　张　婷 主编 36元
融合教育导论（第二版）　　　　　雷江华 主编 45元
特殊教育学（第二版）　　　　雷江华 方俊明 主编 43元
特殊儿童心理学（第二版）　　方俊明 雷江华 主编 39元
特殊教育史　　　　　　　　　　　朱宗顺 主编 39元
特殊教育研究方法（第二版）　杜晓新 宋永宁等 主编 39元
特殊教育发展模式　　　　　　　　任颂羔 主编 33元
特殊儿童心理与教育（第二版）　杨广学 张巧明 王　芳 编著 49元

21世纪特殊教育创新教材·发展与教育系列

视觉障碍儿童的发展与教育　　　　邓　猛 编著 33元
听觉障碍儿童的发展与教育　　　　贺荟中 编著 38元
智力障碍儿童的发展与教育　　刘春玲 马红英 编著 32元
学习困难儿童的发展与教育　　　　赵　微 编著 39元
自闭症谱系障碍儿童的发展与教育　周念丽 编著 32元
情绪与行为障碍儿童的发展与教育　李闻戈 编著 36元
超常儿童的发展与教育（第二版）　苏雪云 张　旭 编著 39元

21世纪特殊教育创新教材·康复与训练系列

特殊儿童应用行为分析　　　　李　芳 李　丹 编著 36元
特殊儿童的游戏治疗　　　　　　　周念丽 编著 30元
特殊儿童的美术治疗　　　　　　　孙　霞 编著 38元
特殊儿童的音乐治疗　　　　　　　胡世红 编著 32元
特殊儿童的心理治疗（第二版）　　杨广学 编著 45元
特殊教育的辅具与康复　　　　　　蒋建荣 编著 29元
特殊儿童的感觉统合训练　　　　　王和平 编著 45元
孤独症儿童课程与教学设计　　　　王　梅 著 37元

自闭谱系障碍儿童早期干预丛书

如何发展自闭谱系障碍儿童的沟通能力　朱晓晨 苏雪云 29元
如何理解自闭谱系障碍和早期干预　　　　苏雪云 32元
如何发展自闭谱系障碍儿童的社会交往能力　吕　梦 杨广学 33元
如何发展自闭谱系障碍儿童的自我照料能力　倪萍萍 周　波 32元
如何在游戏中干预自闭谱系障碍儿童　　朱　瑞 周念丽 32元
如何发展自闭谱系障碍儿童的感知和运动能力
　　　　　　　　　　　　　韩文娟，徐芳，王和平 32元
如何发展自闭谱系障碍儿童的认知能力　潘前前 杨福义 39元
自闭症谱系障碍儿童的发展与教育　　　周念丽 32元
如何通过音乐干预自闭谱系障碍儿童　　张正琴 36元
如何通过画画干预自闭谱系障碍儿童　　张正琴 36元
如何运用ACC促进自闭谱系障碍儿童的发展　苏雪云 36元
孤独症儿童的关键性技能训练法　　　　李　丹 45元
自闭症儿童家长辅导手册　　　　　　　雷江华 35元
孤独症儿童课程与教学设计　　　　　　王　梅 37元
融合教育理论反思与本土化探索　　　　邓　猛 58元
自闭症谱系障碍儿童家庭支持系统　　　孙玉梅 36元

特殊学校教育·康复·职业训练丛书（黄建行 雷江华 主编）

信息技术在特殊教育中的应用　　　　　55元
智障学生职业教育模式　　　　　　　　36元
特殊教育学校学生康复与训练　　　　　59元
特殊教育学校校本课程开发　　　　　　45元
特殊教育学校特奥运动项目建设　　　　49元

21世纪学前教育规划教材

学前教育概论　　　　　　　　　李生兰 主编 49元
学前教育管理学　　　　　　　　王　雯 45元
幼儿园歌曲钢琴伴奏教程　　　　果旭伟 39元
幼儿园舞蹈教学活动设计与指导　董　丽 36元
实用乐理与视唱　　　　　　　　代　苗 40元
学前儿童美术教育　　　　　　　冯婉贞 45元
学前儿童科学教育　　　　　　　洪秀敏 39元
学前儿童游戏　　　　　　　　　范明阳 39元
学前教育研究方法　　　　　　　郑福明 39元
外国学前教育史　　　　　　　　郭法奇 39元
学前教育政策与法规　　　　　　魏　真 36元
学前心理学　　　　　　　　涂艳国、蔡　艳 36元
学前教育理论与实践教程　　王　维 王维娅 孙　岩 39元
学前儿童数学教育　　　　　　　赵振国 39元

大学之道丛书

市场化的底限	[美] 大卫·科伯 著 59元
大学的理念	[英] 亨利·纽曼 著 49元
哈佛：谁说了算	[美] 理查德·布瑞德利 著 48元
麻省理工学院如何追求卓越	[美] 查尔斯·维斯特 著 35元
大学与市场的悖论	[美] 罗杰·盖格 著 48元
高等教育公司：营利性大学的崛起	[美] 理查德·鲁克 著 38元
公司文化中的大学：大学如何应对市场化压力	[美] 埃里克·古尔德 著 40元
美国高等教育质量认证与评估	[美] 美国中部州高等教育委员会 编 36元
现代大学及其图新	[美] 谢尔顿·罗斯布莱特 著 60元
美国文理学院的兴衰——凯尼恩学院纪实	[美] P.F.克鲁格 著 42元
教育的终结：大学何以放弃了对人生意义的追求	[美] 安东尼·T.克龙曼 著 35元
大学的逻辑（第三版）	张维迎 著 38元
我的科大十年（续集）	孔宪铎 著 35元
高等教育理念	[英] 罗纳德·巴尼特 著 45元
美国现代大学的崛起	[美] 劳伦斯·维赛 著 66元
美国大学时代的学术自由	[美] 沃特·梅兹格 著 39元
美国高等教育通史	[美] 亚瑟·科恩 著 59元
美国高等教育史	[美] 约翰·塞林 著 69元
哈佛通识教育红皮书	哈佛委员会撰 38元
高等教育何以为"高"——牛津导师制教学反思	[英] 大卫·帕尔菲曼 著 39元
印度理工学院的精英们	[印度] 桑迪潘·德布 著 39元
知识社会中的大学	[英] 杰勒德·德兰迪 著 32元
高等教育的未来：浮言、现实与市场风险	[美] 弗兰克·纽曼等 著 39元
后现代大学来临？	[英] 安东尼·史密斯等 主编 32元
美国大学之魂	[美] 乔治·M.马斯登 著 58元
大学理念重审：与纽曼对话	[美] 雅罗斯拉夫·帕利坎 著 40元
学术部落及其领地——当代学界生态揭秘（第二版）	[英] 托尼·比彻 保罗·特罗勒尔 著 33元
德国古典大学观及其对中国大学的影响（第二版）	陈洪捷 著 42元
转变中的大学：传统、议题与前景	郭为藩 著 23元
学术资本主义：政治、政策和创业型大学	[美] 希拉·斯劳特 拉里·莱斯利 著 36元
21世纪的大学	[美] 詹姆斯·杜德斯达 著 38元
美国公立大学的未来	[美] 詹姆斯·杜德斯达 弗瑞斯·沃马克 著 30元
东西象牙塔	孔宪铎 著 32元
理性捍卫大学	眭依凡 著 49元

学术规范与研究方法系列

社会科学研究方法100问	[美] 萨子金德 著 38元
如何利用互联网做研究	[爱尔兰] 杜恰泰 著 38元
如何为学术刊物撰稿：写作技能与规范（英文影印版）	[英] 罗薇娜·莫 编著 26元
如何撰写和发表科技论文（英文影印版）	[美] 罗伯特·戴 等著 39元
如何撰写与发表社会科学论文：国际刊物指南	蔡今忠 著 35元
如何查找文献	[英] 萨莉拉·姆齐 著 35元
给研究生的学术建议	[英] 戈登·鲁格 等著 26元
科技论文写作快速入门	[瑞典] 比约·古斯塔维 著 19元
社会科学研究的基本规则（第四版）	[英] 朱迪斯·贝尔 著 32元
做好社会研究的10个关键	[英] 马丁·丹斯考姆 著 20元
如何写好科研项目申请书	[美] 安德鲁·弗里德兰德 等著 28元
教育研究方法（第六版）	[美] 乔伊斯·高尔 等著 88元
高等教育研究：进展与方法	[英] 马尔科姆·泰特 著 25元
如何成为学术论文写作高手	华莱士 著 49元
参加国际学术会议必须要做的那些事	华莱士 著 32元
如何成为优秀的研究生	布卢姆 著 38元

21世纪高校职业发展读本

如何成为卓越的大学教师	肯·贝恩 著 32元
给大学新教员的建议	罗伯特·博伊斯 著 35元
如何提高学生学习质量	[英] 迈克尔·普洛瑟 等著 35元
学术界的生存智慧	[美] 约翰·达利 等主编 35元
给研究生导师的建议（第2版）	[英] 萨拉·德拉蒙特 等著 30元

21世纪教师教育系列教材·物理教育系列

中学物理微格教学教程（第二版）	张军朋 詹伟琴 王恬 编著 32元
中学物理科学探究学习评价与案例	张军朋 许桂清 编著 32元
物理教学论	邢红军 著 49元
中学物理教学评价与案例分析	王建中 孟红娟 著 38元

21世纪教育科学系列教材·学科学习心理学系列

书名	作者	价格
数学学习心理学（第二版）	孔凡哲 曾 峥 编著	38元
语文学习心理学	董蓓菲 编著	39元

21世纪教师教育系列教材

书名	作者	价格
教育学基础	庞守兴 主编	40元
教育学	余文森 王 晞 主编	26元
教育研究方法	刘淑杰 主编	45元
教育心理学	王晓明 主编	55元
心理学导论	杨凤云 主编	46元
教育心理学概论	连 榕 罗丽芳 主编	42元
课程与教学论	李 允 主编	42元
教师专业发展导论	于胜刚 主编	42元
学校教育概论	李清雁 主编	42元
现代教育评价教程（第二版）	吴 钢 主编	45元
教师礼仪实务	刘 霄 主编	36元
家庭教育新论	闫旭蕾 杨 萍 主编	39元
中学班级管理	张宝书 主编	39元
教育职业道德	刘亭亭	39元
教师心理健康	张怀春	39元
现代教育技术	冯玲玉	39元
青少年发展与教育心理学	张 清	42元
课程与教学论	李 允	42元

21世纪教师教育系列教材·初等教育系列

书名	作者	价格
小学教育学	田友谊 主编	39元
小学教育学基础	张永明 曾 碧 主编	42元
小学班级管理	张永明 宋彩琴 主编	39元
初等教育课程与教学论	罗祖兵 主编	39元
小学教育研究方法	王红艳 主编	39元

教师资格认定及师范类毕业生上岗考试辅导教材

书名	作者	价格
教育学	余文森 王 晞 主编	26元
教育心理学概论	连 榕 罗丽芳 主编	42元

21世纪教师教育系列教材·学科教育心理学系列

书名	作者	价格
语文教育心理学	董蓓菲 编著	39元
生物教育心理学	胡继飞 编著	45元

21世纪教师教育系列教材·学科教学论系列

书名	作者	价格
新理念化学教学论（第二版）	王后雄 主编	45元
新理念科学教学论（第二版）	崔 鸿 张海珠 主编	36元
新理念生物教学论（第二版）	崔 鸿 郑晓慧 主编	45元
新理念地理教学论（第二版）	李家清 主编	45元
新理念历史教学论（第二版）	杜 芳 主编	33元
新理念思想政治（品德）教学论（第二版）	胡田庚 主编	36元
新理念信息技术教学论（第二版）	吴军其 主编	32元
新理念数学教学论	冯 虹 主编	36元

21世纪教师教育系列教材·语文课程与教学论系列

书名	作者	价格
语文文本解读实用教程	荣维东 主编	49元
语文课程教师专业技能训练	张学凯 刘丽丽 主编	45元
语文课程与教学发展简史	武玉鹏 王从华 黄修志 主编	38元
语文课程学与教的心理学基础	韩雪屏 王朝霞 主编	
语文课程名师名课案例分析	武玉鹏 郭治锋 主编	
语用性质的语文课程与教学论	王元华 著	42元

21世纪教师教育系列教材·学科教学技能训练系列

书名	作者	价格
新理念生物教学技能训练（第二版）	崔 鸿	33元
新理念思想政治（品德）教学技能训练（第二版）	胡田庚 赵海山	29元
新理念地理教学技能训练	李家清	32元
新理念化学教学技能训练（第二版）	王后雄	36元
新理念数学教学技能训练	王光明	36元
新理念小学音乐教学法	吴跃跃 主编	38元

王后雄教师教育系列教材

书名	作者	价格
教育考试的理论与方法	王后雄 主编	35元
化学教育测量与评价	王后雄 主编	45元
中学化学实验教学研究	王后雄 主编	32元
新理念化学教学诊断学	王后雄 主编	48元

西方心理学名著译丛

书名	作者	价格
荣格心理学七讲	[美] 卡尔文·霍尔	45元
拓扑心理学原理	[德] 库尔德·勒温	32元
系统心理学：绪论	[美] 爱德华·铁钦纳	30元
社会心理学导论	[美] 威廉·麦独孤	36元
思维与语言	[俄] 列夫·维果茨基	30元

书名	作者	价格
人类的学习	[美]爱德华·桑代克	30元
基础与应用心理学	[德]雨果·闵斯特伯格	36元
记忆	[德]赫尔曼·艾宾浩斯 著	32元
儿童的人格形成及其培养	[奥地利]阿德勒 著	35元
幼儿的感觉与意志	[德]威廉·蒲莱尔 著	45元
实验心理学(上下册)	[美]伍德沃斯 施洛斯贝格 著	150元
格式塔心理学原理	[美]库尔特·考夫卡	75元
动物和人的目的性行为	[美]爱德华·托尔曼	44元
西方心理学史大纲	唐钺	42元

心理学视野中的文学丛书

书名	作者	价格
围城内外——西方经典爱情小说的进化心理学透视	熊哲宏	32元
我爱故我在——西方文学大师的爱情与爱情心理学	熊哲宏	32元

21世纪教学活动设计案例精选丛书(禹明 主编)

书名	价格
初中语文教学活动设计案例精选	23元
初中数学教学活动设计案例精选	30元
初中科学教学活动设计案例精选	27元
初中历史与社会教学活动设计案例精选	30元
初中英语教学活动设计案例精选	26元
初中思想品德教学活动设计案例精选	20元
中小学音乐教学活动设计案例精选	27元
中小学体育(体育与健康)教学活动设计案例精选	25元
中小学美术教学活动设计案例精选	34元
中小学综合实践活动教学活动设计案例精选	27元
小学语文教学活动设计案例精选	29元
小学数学教学活动设计案例精选	33元
小学科学教学活动设计案例精选	32元
小学英语教学活动设计案例精选	25元
小学品德与生活(社会)教学活动设计案例精选	24元
幼儿教育教学活动设计案例精选	39元

全国高校网络与新媒体专业规划教材

书名	作者	价格
文化产业概论	尹章池	38元
网络文化教程	李文明	39元
网络与新媒体评论	杨娟	38元
新媒体概论	尹章池	45元
新媒体视听节目制作	周建青	45元
融合新闻学	石长顺	39元
新媒体网页设计与制作	惠悲荷	45元
网络新媒体实务	张合斌	39元
网页设计与制作	惠悲荷	39元
突发新闻教程	李军	45元
视听新媒体节目制作	周建青	45元
视听评论	何志武	32元
出镜记者案例分析	刘静 邓秀军	39元
视听新媒体导论	郭小平	39元

全国高校广播电视专业规划教材

书名	作者	价格
电视节目策划教程	项仲平 著	36元
电视导播教程	程晋 编著	39元
电视文艺创作教程	王建辉 编著	39元
广播剧创作教程	王国臣 编著	36元

21世纪教育技术学精品教材(张景中 主编)

书名	作者	价格
教育技术学导论(第二版)	李芒 金林 编著	33元
远程教育原理与技术	王继新 张屹 编著	41元
教学系统设计理论与实践	杨九民 梁林梅 编著	29元
信息技术教学论	雷体南 叶良明 主编	29元
网络教育资源设计与开发	刘清堂 主编	30元
学与教的理论与方式	刘雍潜	32元
信息技术与课程整合(第二版)	赵呈领 杨琳 刘清堂	39元
教育技术研究方法	张屹 黄磊	38元
教育技术项目实践	潘克明	32元

21世纪信息传播实验系列教材(徐福荫 黄慕雄 主编)

书名	价格
多媒体软件设计与开发	32元
电视照明·电视音乐音响	26元
播音与主持艺术(第二版)	38元
广告策划与创意	26元
摄影基础(第二版)	32元

21世纪教师教育系列教材·专业养成系列(赵国栋主编)

书名	价格
微课与慕课设计初级教程	40元
微课与慕课设计高级教程	48元
微课、翻转课堂和慕课设计实操教程	188元
网络调查研究方法概论(第二版)	49元
PPT云课堂教学法	88元